改訂版

問題社員・余剰人員への法的実務対応

弁護士 浅井 隆［著］

JN048348

日本法令

はしがき

　本書は10年ほど前に発刊した同じ題名の本の改訂版ですが、今回は、それぞれの企業が、今後、自企業の最適組織化実現のヒントになればと思い、改訂しました。

　企業は、本書にも記載したとおり、「人」と「物」が有機的に結合したものであり、この構造は、営利企業（株式会社）でも非営利企業（医療法人、学校法人、生協、社会福祉法人）でも市町村・都道府県といった地方公共団体でも国でも、同じです。

　ただ、「物」を有機的に結合する管理は比較的容易で、事業に必要な物（土地、備品 etc）を必要なだけ購入し、不要になった物を処分することで管理ができますが、「人」（労働者）を有機的に結合する管理（労務管理ないし人事政策）は難しいです。なぜなら、「人」は能力も教育も性格も家族も違って、１人ひとりが複雑だからです。

　では、「人」を有機的に結合する管理（労務管理）とは、具体的にどうするのでしょうか。筆者は、こう考えます。企業が目指す方向（企業理念→中長期事業計画→単年度事業計画）に向け、その実現のため企業自身を最適組織化し（よって組織規程、職務分掌規程も重要となります）、その組織の中で役職毎に職務内容と責任（職責）を特定（職務記述書）し、この役職に最適な人材を配置し（適材適所の実現）、その上で、各職責毎の各年の目標のベクトルを上記事業計画にあわせることで各労働者（社員）が毎年共通のベクトル（企業が作成した事業計画）に向けて努力するよう管理すること、と考えています。

　労務管理では、企業のベクトル（事業計画）に合った各社員（労働者）が立てた年度目標を、日常的に遂行されているかを上司を通じて管理することになりますが、それには、その企業のベクトルにあわせて各社員が努力することに対し、ウィン－ウィンの関係にして社員も果実（賃金の上昇、賞与等）を得られる仕組みが必要です。多くの企

業はその仕組みづくりを工夫していると考えますが、その中ではウィン－ウィンの関係が期待できない社員が残念ながら出てきます。この場合、放っておくのではなく、改善を求め、社員がこれに応じるよう時間を掛け、それでも無理なら退職してもらう、ということが自企業を最適組織にしておくうえで必要不可欠です。これが本書の1つめの目的です。

　時代の変化や外部環境の変化によって、企業によっては、現在の組織では事業（計画）が実現できなくなったりします。典型的には、変化に対応できずに余剰人員を抱えるというケースです。これもそのままにしては、企業の効率・業績が悪くなり、ひいては存続自体危なくなります。そこで、余剰人員を解消し、改めて変化に見合った最適組織にする必要があります。さらには、最近のグローバル化は、多国籍企業との競争の激化を招来し、これに対応するためには、予想される時代や環境の変化を先取りして、先手を打ってそれに対応する最適組織にする必要が出てきています。こういった変化に対応した最適組織化を図るために、本書の2つめの目的があります。

　本書が、それぞれの企業の発展に少しでもお役に立つことを願っております。

　最後に、本書に執筆にあたっては、株式会社日本法令田中紀子氏、三木治氏に大変お世話になりました。ここに深くお礼申し上げる次第です。

2020年8月

浅井　隆

目　　次

第1章　労務管理の必要

第2章　労務管理の方法とその規制

第3章　問題社員への対応実務と具体的方法

第4章	余剰人員への対応

第5章　書式・規程

● 凡　例 ●

【法　令】

労基法	労働基準法
労基則	労働基準法施行規則
契約法	労働契約法
労組法	労働組合法
労調法	労働関係調整法
労衛法	労働安全衛生法
労災法	労働者災害補償保険法
均等法	雇用の分野における男女の均等な機会及び待遇の確保等に関する法律
均等則	雇用の分野における男女の均等な機会及び待遇の確保等に関する法律施行規則
パート法	短時間労働者及び有期雇用労働者の雇用管理の改善等に関する法律
職安法	職業安定法
派遣法	労働者派遣事業の適正な運営の確保及び派遣労働者の保護等に関する法律
紛争解決法	個別労働関係紛争の解決の促進に関する法律（個別労働紛争解決促進法）
紛争解決則	個別労働関係紛争の解決の促進に関する法律施行規則
賃確法	賃金の支払の確保等に関する法律
労審法	労働審判法
民	民法
刑	刑法
刑訴法	刑事訴訟法
発　基	厚生労働省労働基準局関係の厚生労働事務次官通達
基　発	厚生労働省労働基準局長通達
基　収	厚生労働省労働基準局長の疑義回答通達
労　収	（旧）労働省労政局長の疑義回答通達
職　発	厚生労働省職業安定局長通達
女　発	厚生労働省女性局長通達

【参考文献】

菅　野	菅野和夫『労働法』第12版　弘文堂
山　川	山川隆一『雇用関係法』第４版　新世社
労　民	労働関係民事裁判例集

第1章

労務管理の必要

1

企業の重要な構成要素（戦力）としての人

　企業は、人と物が有機的に結合したものです。

　その「人」とは、社員です。人が「有機的に結合」するとは、社員と社員がうまく機能するということです。これがあってはじめて、企業が存続し、発展するのです。最高裁判例（たとえば、国鉄札幌運転区事件　最三小判昭54.10.30）も、企業は、その存立と事業の円滑な運営のために、それを構成する人的要素（社員）と物的施設を総合し、合理的・合目的的に配備組織して企業秩序を定立しその下に活動を行うもの、としています。

Ｉ－１　企業のイメージ

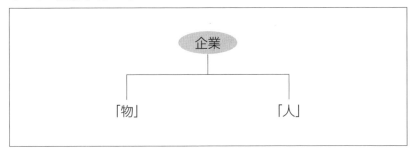

2 労務管理の重要性

　企業が人と物とが有機的に結合したものであるとしても、「物」の「合理的・合目的的」管理は、比較的容易です。

　ところが、「人」の管理、すなわち労務管理は、とても難しいです。なぜなら、「人」は感情を持った存在であるし、能力も教育や動機づけによって高まることもあれば、低下することもあるからです（風船のようです）。しかも、人と人とが「有機的に結合」（うまく機能）するためには、上司、部下あるいは同僚との関係を健全にしておく必要があります。そうでないと、「有機的に結合」しません。かえって反発し合って、マイナスになります。

　人、すなわち社員がうまく機能するために行う労務管理は、企業が存続し発展するための生命線なのです。

Ⅰ−2　企業は動的に変化する

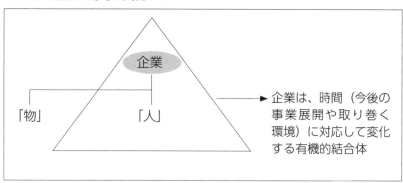

3

労務管理の場面

　労務管理は、日常のときと企業規模が変化（拡大、縮小）するときとでは、重点が違います。

　日常の労務管理は、健全な労働環境の確保に重点があり、その中で一番対応が難しいのが問題社員への対応です。100名社員がいれば１、２名は問題社員がいます。問題度が許容限度内ならその社員の個性として許せるでしょうが、許容限度を超えれば、それを放置していては職場のモチベーションは低下し、モラルも低下しかねません。よって、しっかり対応する必要があります（第３章参照）。問題社員は、労働義務（付随的義務も含め）の不完全履行をしている社員と理解できます。不完全履行（債務不履行）をしている義務者（社員）に対し、きちんと履行（完全履行）させるべく注意・指導（催告）等をするのは、（労働義務の）債権者である企業の基本的権限です。これを怠ると、組織全体にこの状態が広がり、手がつけられなくなり、有機的結合体たる企業の機能が阻害されてしまいます。

　他方、企業を取り巻く環境や企業の業績が悪化して規模を縮小せざるを得ないときは、余剰人員が発生し、その削減への対応が求められます。これも放置していては、人件費がふくらみ、収益が悪化の一途をたどります。そこで、残る社員のモチベーションに配慮しながらも、余剰人員対応をする必要があります（第４章参照）。最近は、経済市場のグローバル化に伴って、日本企業は、国際的市場で世界各国の有力企業と競争する必要があります。そのためには、日本企業も、有機的結合体たる企業としてその市場に中長期的に適合するため、最

適組織化する必要があり、労働力を削減してでもこれにふさわしい労働力に交代させるべく、非戦力人員の削減をする必要が出てきます。厳しいようですが、競争に敗ければ企業は淘汰されていき、全社員にとってよくないことが発生します。もっとも、余剰人員リストラに比べ、余力がある段階の人員削減なので、それにふさわしいバランスのとれた人員の交代（既存の社員の削減）をすることが求められるといえます。

4

本書の構成

　本書は、日常の労務管理（第3章）と非日常の人員削減が必要な場面の労務管理（第4章）において、社員のモチベーションやモラルを確保しながら、企業が有機的結合体として機能するための法的政策的対応を解説します。

　そして、その対応に必要な労働法の知識を、第2章で解説します。

　本書は、頭から読むのではなく、第3章、第4章の中の必要な箇所を読み、その中で労働法の規制でわからない部分があったときは、第2章で当該部分を確認する、という想定で構成しています。

第2章

労務管理の方法と その規制

はじめに

　労務管理を行うには、まずは、自企業が採る雇用システムとそれに対する労働法の規制を理解したうえで、実施する必要があります。労働法の規制を一言で表現すれば、採用（入口）は自由だが、退職させる（出口）のは不自由である、ただ、途中（労働契約が展開している過程）は比較的に自由である、ということです。次の図のように整理できます。

Ⅱ－1　規制のイメージ

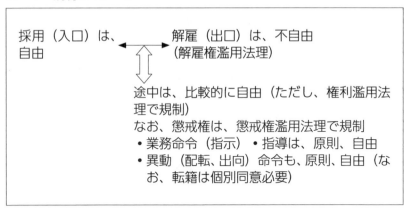

　これは、わが国の労働慣行が、基本的に長期雇用システムの下に展開されているためです。

　すなわち、わが国の労働関係では、新卒者（18歳、22歳）を定年（60歳もしくは65歳）まで、特別な事情のない限り雇用し続け、その

展開の中で、若いときは働きより安い賃金で我慢してもらい、中高齢になったら働きよりも高い賃金で処遇することで、トータルでその約40年の労働に見合う処遇を実現する設計（年功型賃金制度）をしています。

　そのような労働関係では、途中で退職するのは労働者にとって著しい不利益が生じます。なぜなら、若いときの安い賃金は、将来の中高齢になったときにもらえる高い賃金により帳尻が合うはずなのに、途中で退職させられては帳尻が合わないからです。しかも、わが国の労働市場には、中高齢者が期待する高い待遇の仕事があるわけではありません。そのため、労働法では、この途中の退職、端的には、企業か

Ⅱ-2　長期雇用システムのイメージ（a＋c＝b）

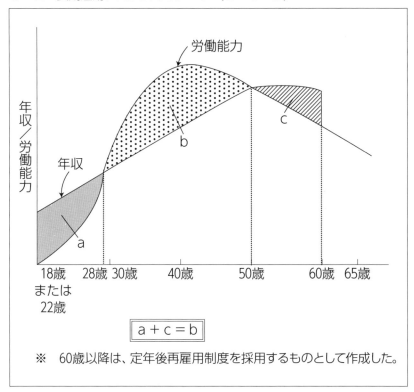

※　60歳以降は、定年後再雇用制度を採用するものとして作成した。

らの労働契約の一方的破棄である解雇を厳しく規制（解雇権濫用法理）します。

　他方で、その約40年の間には、企業自体や企業を取り巻く環境に大きな変化があり、企業はこれに対応しなければ生き残れませんので、人の配置に大幅な裁量を認めよう、となります。そして、いったん採用したら解雇権濫用法理によって社員はその身分が守られるので、反面、企業には、採用の自由が広く認められるのです。

　ただ、最近は、長期雇用システムを採用しない人事システムを採る会社も増えています。

1 解雇の自由とその規制

1 解雇自由の原則

　期間の定めのない労働契約では、当事者は、民法の原則からは、いつでも解約の申入れができ、労働契約は申入れ日から2週間の経過で終了します（627条1項）。

2 規　制

ア　一般的内容

　これを労基法等では、労働者保護の観点から、企業からする解約、つまり解雇だけ修正します。

　すなわち、次のようなもの等です。

- 業務上の災害または産前産後の各休業中およびそれらの休業後30日間の解雇の禁止（19条）
- 解雇に際しての30日前予告または予告手当（30日分の平均賃金）の支払い（20条1項、2週間の予告期間を長くする。例外として、同項但書の場合と21条の期間労働者は不要）
- 均等待遇の原則（3条、均等法6条、同法9条）による規制
- 不当労働行為の禁止（労組法7条）による規制

民法上の解雇自由の原則

労働法で規制

　労基法
　　• 業務上の災害・産前産後の各休業での解雇禁止
　　• 30日前の予告または予告手当金の支払い
　　• 均等待遇の原則
　契約法
　　• 解雇権濫用法理
　　•（有期労働契約の場合）「やむを得ない事由」が必要
　その他の法律
　　• 労組法7条、均等法6条4号、同9条2項・3項等による規制

イ　解雇権濫用法理

① 内　容

　判例は、わが国の長期雇用システムを前提に解雇権濫用法理を確立し（日本食塩製造事件　最二小判昭50.4.25、高知放送事件　最二小判昭52.1.31）、これが平成15年の労基法改正で実定法化され、さらに平成19年の契約法成立（施行は平成20年3月1日）に伴って規定が移されました（16条、附則2条）。

　したがって、解雇は、原則は自由（民627条1項）ですが、「客観的に合理的な理由を欠き、社会通念上相当であると認められない場合は、その権利を濫用したものとして、無効」（解雇権濫用法理）となります。

　つまり、ⅰ.客観的合理的理由とⅱ.相当性という2つの要件をクリアしないと、解雇は無効となります。この結果、法律上は、原則は自由、例外として濫用のとき無効となるのが、実際上は濫用と

なることが多いので、原則と例外が逆転しているといってもよいくらいです。つまり、よほどの理由がない限り社員を解雇できないということです。

②　就業規則に定める解雇事由との関係

多くの企業では、解雇事由は就業規則に明記しなければならないことから（労基法89条３号かっこ書）、就業規則に「解雇」の規定を設けて、社員がいかなる場合に解雇となるのかを明確にしています（Ⅱ－4）。その中で規定例第24条７号にある「前各号に準ずる事由があるとき」は、包括（解雇）事由といわれており、さまざまな事由が拾えます。就業規則で定める解雇事由は、限定列挙か例示列挙かという有名な論点がありますが、この包括（解雇）事由があれば、その論争でどちらの立場でも、解雇権が実質制限されることはなくなるので、この号（包括事由）があることは、重要な意味を持ちます。

Ⅱ－4　解雇規定例

（解雇事由）
第24条　会社は、社員が次の各号の一つに該当する場合は、解雇する。
　　①　精神または身体の障害により勤務に堪えないと認められたとき
　　②　労働能力もしくは能率が甚だしく低く、または甚だしく職務怠慢であり勤務に堪えないと認められたとき
　　③　諭旨解雇または懲戒解雇の該当事由があるとき
　　④　休職者が休職期間の満了後復職しなかったとき
　　⑤　業務上の傷病により療養のために会社を休む者に打切補償を行ったとき
　　⑥　会社の業務上の都合により解雇の基準が決定され、その適用を受けたとき
　　⑦　前各号に準ずる事由があるとき

> **（解雇手続）**
> **第25条**　社員を解雇するときは、30日前に予告するか、平均賃金
> 　　　　　30日分の予告手当を支給して即時解雇する。ただし、次の
> 　　　　　各号の一に該当するときはこの限りではない。
> 　　　　　① 　試用期間14日以内の社員を解雇するとき
> 　　　　　② 　社員の責に帰すべき事由により解雇するとき
> 　　　　　③ 　天災事変その他やむを得ない事由のため、事業の継続
> 　　　　　が不可能となったとき
> 　　　　2 　前項の予告期間を短縮するときは、短縮した日数１日に
> 　　　つき平均賃金の１日分を予告手当として支払う。

　解雇権の行使が濫用となっていないか否かは、個別具体的判断です。就業規則に定める解雇事由に該当すれば濫用にならない、という形式的・画一的なものではありません。そして、その判断は、対象となる労働契約の特徴を見極めてされます。たとえば、就業規則にⅡ－4の解雇規定があるのに、４日無断欠勤をした場合、その事実をもって解雇事由第24条の「①精神または身体の障害により勤務に耐えないと認められたとき」ないし「②労働能力もしくは能率が甚だしく低く、または甚だしく職務怠慢であり勤務に堪えないと認められたとき」に該当するとして解雇しても、客観的合理的理由なし、あるいは相当性なしとされて、解雇権の行使は濫用になるでしょう。

　一般的には、A．労働者の労務提供不能や労働能力または適格性の欠如・喪失や、B．労働者の規律違反行為の存在のケースでは、裁判例は、教育の機会（A．）や警告（B．）を事前に与えていたかどうかを重視します。

Ⅱ－5　解雇権濫用法理による規制

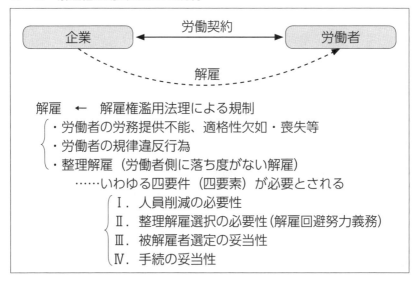

③　労働契約の特徴による適用の表れ方の違い

　もっとも、解雇権濫用法理が長期雇用システムを前提に確立したことから考えると、長期雇用システムを採用していない企業や業界（即戦力を求め、中途採用中心で、しかも数年で転職することが多い企業や業界）においては、解雇権濫用法理が適用されるとしても、それらの企業や業界の人事政策も考慮されるはずです。すなわち、長期雇用システムを採らない企業への解雇権濫用法理の適用は、長期雇用システムを採る企業に比べて、「客観的に合理的な理由を欠き、社会通念上相当」といえるか否かの判断において、濫用となる余地は少なくなるはずです。

　裁判例でも、解雇権濫用法理の適用・判断においては、それぞれの企業の人事政策の差異や、採用した労働者が中途か新規か（即戦力か否か）、高度のパフォーマンスを求められているか否かによって、結論を異にしています。つまり、同じ解雇権濫用法理といっても、企業の人事政策、労働者の採用のされ方、期待される職務内容

によって、その濫用にあたるか否かが精密に判断されます。

④　問題社員の解雇

　問題社員への対応は、最終的には解雇することで、当該社員が当該企業から退職するのを強制することになりますが、その場合、当然、この解雇権濫用法理が適用されるので、濫用とならないよう慎重な検討が必要です。

⑤　余剰人員削減のための解雇

　他方、余剰人員削減のための解雇は、専ら企業側の事情による解雇であって、整理解雇といわれます。整理解雇も解雇の一場面であり、「整理解雇」という、解雇とは別の種類があるわけではありません。解雇規定例（Ⅱ−4）第24条でいうと、「⑥会社の業務上の都合により解雇の基準が決定され、その適用を受けたとき」を理由とする解雇が、整理解雇にあたります。整理解雇にも当然解雇権濫用法理が適用されますが、整理解雇は、通常の解雇と違って、専ら企業側の事情によって解雇する性格上、解雇権濫用の判断が厳格です。その厳格な判断をするため、多くの裁判例では、整理解雇の四要件なり四要素が使われます。詳しくは、第4章4をご覧ください。

ウ　有期労働者の解雇は「やむを得ない事由」が必要

　有期労働契約における期間途中の解雇は、「やむを得ない事由」がないとできません（契約法17条1項）。これは、解雇権濫用法理の規制よりもハードルの高いものであって、よほどのことがないと「やむを得ない事由」は認められません。

2 雇止め制限の法理

1 私法の大原則の修正

　雇止めとは、有期労働契約において、企業が期間の満了をもって労働契約を終了させることです。そして雇止め制限の法理は、有期労働契約において、解雇権濫用法理と同様の機能を持つ法理です。この法理は最高裁判例で、有期労働者保護の観点から、雇止めに対し一定の規制を及ぼすものです。

　雇止め制限の法理は、労働契約に特殊なものです。なぜなら、有期契約は、私法の大原則からは期間満了で当然に終了し、契約の更新には契約当事者の明示または黙示の合意が必要で、合意なく更新することはないからです。

　この法理は、有期労働契約が繰り返されていることが多く見受けられる実態から、私法の大原則をそのまま適用すると、実質的にみて期間の定めのない労働契約を締結している正社員との間で不公平が生ずるということで、これを修正するものです。

2 雇止め制限の法理の内容

　この法理は、日立メディコ事件（最一小判昭61.12.4）によって確立されており、有期労働契約であっても、その期間を超えてある程度の継続が期待されている場合には、当該契約期間の満了によって雇止めをする（契約を終了とする）には、解雇権濫用法理が類推適用され

るとして、雇用の継続（更新）が期待される場合に（それが法的に保護に値するといえれば）、一定の規制を及ぼすものです。ただ、同判決は、雇止めに解雇権濫用法理が類推適用されるとしても、「終身雇用の期待の下に期間の定めのない労働契約を締結している」正社員の解雇とは、「おのずから合理的な差異がある」とも判示している点も重要です。

　この判例と、それ以前に言い渡された東芝柳町工場事件（最一小判昭49.7.22）から、雇止めの制限は、Ⅱ－6のとおり、およそ3つに類型化することが可能です。

Ⅱ－6　有期労働契約終了の整理

類　型	雇用期間の性格	労働契約の終了における法的規則(労働契約法の定め)	備　考
A	雇用期間の管理がルーズで、正社員との区別も不明確ゆえ、「期間の定めのない契約と実質的に異ならない状態」の類型	解雇権濫用法理が類推適用され、その基準は、正社員（期間の定めのない労働契約）とほぼ同じ（19条1号）	東芝柳町工場事件の最高裁判例
B	雇用期間の管理がしっかりし、正社員との区別も比較的明確だが、更新が繰り返され、さらなる更新（継続雇用）への期待が主観的ではなく客観的にある（法的に保護に値する）類型	解雇権濫用法理が類推適用されるものの、その基準は正社員とは「合理的な差異がある」 ↓ 更新の客観的期待度によって、類推適用される解雇権濫用法理の適用のされ方は異なることになる（19条2号）	日立メディコ事件の最高裁判例

C	そもそも更新（継続雇用）への期待が客観的（法的）にはない類型	解雇権濫用法理の類推適用は否定され、私法の原則どおり期間の経過という時の経過により、契約関係は終了する（規制なし）	下級審裁判例いくつもあり

　そしてB類型をさらに説明すると、B類型は更新への期待が合理的（客観的）に保護に値する限り、その限度で雇用継続を保護しようという理論ですから、各有期労働契約での更新の期待度によって、雇止めに類推適用される解雇権濫用法理の適用のされ方が異なります。つまり、B類型の中にはバリエーションがありますし、逆にいうと、企業があらかじめそのバリエーションを設計することも可能です。

　たとえば、あらかじめ更新限度を4回とし、運用もそのとおりにしていれば、5回目の更新は、本人が（主観的に）期待しても、客観的には保護に値しないので雇止めが可能です。また、3回目から更新の条件を厳しく設定するという設計も可能です（たとえば、大学の助手制度等）。

　その更新への期待度は、およそ次の要素で判断されます。

- ・　**担当業務の内容**
- ・　**契約上の地位の基幹性・臨時性**
- ・　**更新の反復回数**
- ・　**雇用の継続年数**
- ・　**更新手続の厳格さ**
- ・　**雇用継続に関する採用時の説明**
- ・　**従来の雇止めの実例**

　2012（平成24）年8月改正の労働契約法は、上記雇止め制限の法理を19条に実定法化しました。同条1号が東芝柳町工場事件判決、同条2号が日立メディコ事件判決の各事例を、各類型化（Ⅱ－6のAと

B）したものです。すでに昭和の時代から確立していた判例法理なので、改正労働契約法が成立と同時に施行されました（これに対し、無期転換申込権制度、有期雇用契約における不合理な労働条件の禁止が、2012年8月の成立から施行の2013年4月1日まで猶予したのと対照的です）。

③ 問題社員の雇止め

　問題社員が有期労働者のとき、その問題社員への対応は、最終的には雇止めによって当該社員が当該企業から退職するのを強制することになりますが、その場合、当然、解雇権濫用法理が類推適用されるので、雇止めが濫用とならないよう、慎重な検討が必要です。

　すなわち、A類型（契約法19条1号）のときは、正社員と同様の解雇権濫用法理が類推適用されるので、問題社員が正社員である場合と同様の規制があることを前提に、雇止めが可能かを検討します。B類型（同条2号）のときは、解雇権濫用法理は正社員とは異なる類推適用がされるので、その規制（ハードルの高さ）に応じて、雇止めが可能かを検討します。

④ 余剰人員削減のための雇止め

　当該企業における余剰人員の削減で、有期労働者がいるときは、まずは有期労働契約の雇止めから検討しますが、A類型（契約法19条1号）かB類型（同条2号）かで検討の仕方・結果は異なります。詳しくは、第4章3をご覧ください。

3 退職勧奨（合意退職）とその規制

1 合意退職

　企業と社員とが退職に合意することを合意退職（合意解約）といいます。双方が納得して労働契約を将来に向けて解消するものなので、法は、解雇権濫用法理とか、30日の解雇予告のような規制はしません。

　希望退職の募集と応募による退職は、労働契約の合意退職（合意解約）です。

2 規制（注意点）

　ただ、合意退職で社員が退職する以上、自由意思に基づいて退職することが当然の前提なので、退職の意思の形成に錯誤や企業からの詐欺・強迫があったりしたときは、有効な意思表示とは認められません（民93〜96条）。

　そこで、企業が問題社員を退職させるためとか、余剰人員削減のためとかで退職勧奨を行うときは、その対象となる社員が誤解等をしないよう正確に説明し、社員が自由な意思で退職を決定したといえるよう注意する必要があります。

　具体的には、社員が「自由な意思で退職を決定した」ことを客観化、可視化する工夫です。たとえば、前者の「企業が問題社員を退職させるため」に合意退職となった、というときは、通常の自主退職の

ような退職届や退職願といった所定の書式は使わず、退職合意書（**書式18、45、46**、簡易版は**書式8、9**）を作成し、退職の条件を文書化します。後者の「余剰人員削減のためとかで退職」させるときは、退職条件について事前に説明した資料が、この社員の退職の「自由な意思」表示の証拠になります。**書式53、54**のような説明と、**書式55〜57**のような退職の条件、そして自身の条件（**書式58**）を読んで応募した（**書式61**）といえる資料が、まさに「自由な意思」があったことの証拠になるのです。

4 試 用

1 試用制度の内容

　企業は、社員の採用に際し、入社後一定期間に当該社員の人物・能力を評価して本採用するか否かを決定します。この本採用前に行われる適格性判定のための試みの期間が、「試用」です。

　判例（三菱樹脂事件　最大判昭48.12.12）は、試用の法的性質について、就業規則の規定の文言のみならず、「当該企業内において試用契約の下に雇傭された者に対する処遇の実情、とくに本採用との関係における取扱についての事実上の慣行」をも重視すべき、と判示しました。試用の法的性質が個々の試用ごとの労働契約の合理的解釈の問題であることに注意を促しつつも、長期雇用システムのもとでの通常の試用では、解約権留保付労働契約と構成することを確立しました。

　試用が、通常の場合には解約権留保付労働契約と構成されるのであれば、試用中の解雇や本採用拒否は留保解約権の行使となり、解約権がいかなる場合に行使できるかの問題となります。

　この点、判例（前掲三菱樹脂事件）は、試用中の解約権留保を、採用決定の当初にはその者の資質・性格・能力などの適格性の有無に関連する事項につき資料を十分に収集することができないため、「後日における調査や観察に基づく最終的決定を留保する趣旨でされるもの」とします。ついで、この留保解約権の行使は、通常の解雇よりも広い範囲の解雇の自由が認められるとしたうえで、解約権留保の趣旨・目的に照らして、客観的に合理的な理由が存し、社会通念上相当

として是認されうる場合にのみ許される、と判示します。そして、留保解約権の行使が是認されうる場合を、より詳細に、①「企業者が、採用決定後における調査の結果により、または試用中の勤務状態等により、当初知ることができず、また知ることが期待できないような事実を知るに至った場合において」、②「そのような事実に照らしその者を引き続き当該企業に雇傭しておくのが適当でないと判断することが、上記解約権留保の趣旨・目的に徴して、客観的に相当であると認められる場合」と定式化しています。

Ⅱ－7　試用制度の規定例

（試用期間）
第○条　新たに社員となった者については、社員となった日から起算して6か月間の試用期間を設け、就業意欲・態度、職務遂行能力、社員としての適格性等を確認し、正式採用を決定する。ただし、この期間を6か月を限度に延長することがある。また、短縮することもある。
2　採用時に必要な書類の提出を怠った場合、記載内容が事実と異なった場合、あるいは社員として適格と認められない場合は、採用を取り消す。
3　正式採用者の試用期間は、勤続年数に通算する。

② 試用制度の活用

　試用制度は、特に、問題社員への対応において活用されます。これは、そもそも試用制度それ自体が入社後一定期間で当該社員の人物・能力を評価して本採用するか否かを決定するためのものだからです。
　したがって、問題社員対応においては、この試用制度をしっかり活用するよう、さらにいえば、試用制度が活用できるような制度設計になっていることが重要です。

③ 試用制度の設計チェックと見直し

　各試用制度において、以下の問題点があったときは、その下に記述する方法で見直してください。

① そもそも試用制度がない

　企業によっては、試用制度のないところがあります。しかし、試用制度は、ぜひ導入すべきです。試用制度の導入は既存の社員には不利益変更にはならないので、就業規則の改正で容易に行うことができます。

② 中途採用者に適用しない

　企業によっては、中途採用者に試用制度を適用しないところがあります。しかし、当該中途採用者と特別の除外する合意がない限りは、試用制度の適用対象とすべきです。採用面接時の印象・評価と、実際に働かせたときの評価とでは、全然違うということがよくあります。その場合に、試用制度の適用がされるか否かで対応に大きな差が出てしまうのです。

③ 有期労働者に適用しない

　期間途中の解雇はやむを得ない事由がなければできない（契約法17条2項）との規制の関係で、有期労働契約に解雇を比較的容易とする試用制度が可能かは議論があると思います。しかし、とにかく制度としては導入すべきです。ただ、通常は、正社員より短い試用期間となるでしょう。また、その試用制度は最初の有期労働契約だけ導入でき、2回目以降、つまり更新後は導入できないので、注意してください。

④　試用制度があっても期間が短い、あるいは延長規定がない

- **試用期間が3か月、1か月と短期**

　試用期間は見極め（テスト）期間なので、どういう職務・職種を担わせるかによって、見極めに必要な期間は異なるといえます。たとえば、営業職ならある程度の長期間で、他方、運転手等の技術職なら1か月程度で見極められるはず、というようにです。就業規則に定める正社員の試用期間がもし1か月なら、短すぎです。3か月でも短いといえます。お勧めは、6か月とすることです。そのうえで、企業の裁量で短縮できるとしたほうが、いろいろな職務・職種に対応するうえで現実的です（Ⅱ－7参照）。

- **延長規定がない**

　延長規定のない就業規則も、ときどき見かけます。入れておかないと、所定の試用期間で見極めができないとき、延長するのに社員から個別同意を取らなければならなくなりますので、入れておいたほうがよいです。

　ただ、延長規定を定めるときでも、「延長することがある」と限度の時期を明記せずに規定するのは不十分です。「6か月を限度として」等（Ⅱ－7参照）、延長の上限を定めておいたほうがよいです。これは、裁判例には、無制限な試用期間に否定的な評価をするものがあるからです。試用期間中は、企業に留保解約権があるので、社員は不安定なのです。

⑤　運用現場が試用制度の重要性を理解していない

　特に現場の管理者は、試用期間中の解約権の行使は当然に有効になるものではないものの通常の解雇より広く認められるという知識を持たず、試用期間中に本採用するかの見極めを十分せずに、試用期間が過ぎたころに、「社員に向かないので解雇したい」と人事部に訴えてきたりします。

そこで、現場の管理者（マネージャー、部長クラス）には、「新規採用者の社員としての見極めは必ず試用期間中に行うように」と、試用期間の意味、それが過ぎたときには解雇が困難となることを、よく認識させておく必要があります。たとえば、年に１回マネージャーを対象にした研修を行い、その研修の内容の一つとして、試用期間の重要性、それゆえ当該企業の正社員（有期労働契約で設けるときは、当該企業の有期労働者）としての適格性の有無はこの試用期間中で見極めるべきことを、しっかり教育してください。

5 業務命令権とその規制

1 業務命令権

　労働契約は、社員が労務を提供し（労働義務）、企業がこれに賃金を支払う（賃金支払義務）関係なので、企業には、この社員の労働義務に対応する業務命令（指示）権が予定されています。具体的には、労働の内容・遂行方法・場所などは、企業の指示に従って、労働を誠実に遂行しなければならない、というものです。

　たとえば、食品販売会社が営業社員Aに対し、営業対象区域の港区の中で、小規模商店が多くある赤坂、六本木地域中心から、高額所得者層が購入する高額スーパー中心に営業の重点を変えるよう指示することは、業務命令権の一環であり、当然にできることです。就業規則に明記されていないからといって、できないものではないのです。

　社員の職務遂行が労働契約の本旨に照らして不十分であれば、企業はその社員に対し、この業務命令（指示）権の一環として、指導・注意を行うことができます。

2 規　　制

　業務命令権の行使は濫用してはなりません（契約法3条5項）。

　そこで、問題社員への指導や注意といった対応も、濫用にならないよう行う必要があります。

〈パワハラ防止規程との関係〉

　ここで、問題社員への指導や注意が、パワハラとならないよう、もっと言うとパワハラ問題に転換されないよう、どういう注意・指導をしたらよいのかを説明します。

ア　法制化とパワハラの概念

　パワハラ防止等の対応を定める労働施策総合推進法の改正法（第8章にパワハラに関する措置義務等が新設され、同法の中に入りました。よって、パワハラについていえば、改正ではなく新設）が、令和元（2019）年6月5日に公布され、令和2（2020）年6月1日に施行されました。ただ、中小企業については、公布後3年以内の政令で定める日までの間は努力義務となります。

　そして、労働施策総合推進法30条の2第3項に基づき指針が定められました。この指針は、事業主が

① 　職場において行われる優越的な関係を背景とした言動によって、

② 　業務上必要かつ相当な範囲を超えたものにより、

③ 　その雇用する労働者の就業環境が害されること

（つまり、①＋②＋③＝パワハラ）のないよう雇用管理上講ずべき措置等を定めます。

　客観的にみて、業務上必要かつ相当な範囲で行われる適正な業務指示や指導については、職場におけるパワーハラスメントには該当しません。

　パワハラの防止等は、元々厚生労働省の行政指導としてありました。パワハラの本質は「嫌がらせ」なので、法的にも、行為者は不法行為責任（民709条）、使用者（事業主）は使用者責任（民715条）または（かつ）職場環境配慮義務違反の債務不履行（民415条）となり、それぞれ民事責任が生じます。実際、上記法制化以前も、パワハラに

つき数多くの裁判例があります。それを今回法制化したのは、パワハラによって職場環境が害されることが近年急増し、深刻なケースでは被害者が自殺をするなど重大な結果をもたらすことが増えてきているためです。国は、それまでの行政指導から立法的措置による規制化により、パワハラ防止のため強い姿勢で臨むことにしたのです。

イ　業務命令権とパワハラの関係

　他方、業務命令権に基づいて債務不履行（不完全履行）の労働者（問題社員）に対し債務（労働義務）の本旨に従った履行を求めるのが、注意・指導であり、本来は、適正な業務命令権の行使です。しかし、そういう目的でなければ、あるいは、そういう目的であっても程度を超えれば、人事権の濫用となり、（正当な権利行使にはならず）パワハラという違法行為となってしまいます。つまり、業務上必要（目的）で程度が相当な範囲内であれば、問題ない（業務命令権の行使）ですが、業務上必要（目的）でなかったり、程度が相当な範囲を超えると、（業務命令権の行使ではなく）パワハラになってしまいます。

　では、問題行動をする部下を持つ上司が適切に注意・指導するには、つまり、パワハラにならないようにするには、どうしたらよいでしょうか。上記のことは理屈ではわかったとして、どう注意・指導したらよいかは現実的には難しいです。

　前ページのパワハラの成立要件に沿って現実的に考えると、問題行動した部下への注意・指導をする場合は、必ず、①の要件（「職場において行われる優越的な関係を背景とした言動」）は充当してしまいます。ポイントは、②の要件（「業務上必要かつ相当な範囲を超えた」か否か）です。問題行動した部下に注意・指導する必要があるときは、まず「業務上必要」は満たします。しかし、その注意・指導がその「業務上必要かつ相当な範囲を超え」なければ、パワハラにはなら

ず（業務命令権の濫用にはならず）、適正な労働債権（業務命令権）の行使となります。

これを、適正な労働債権（業務命令権）の行使となるように実践的なマニュアルにすると、

- ⅰ 改善させたい問題行動は何か、を特定する（業務上必要であることを充足させる）
- ⅱ 上記ⅰを改善目的としその目的達成のために指導すべき適切な内容は何か、を確認する（指導が「必要かつ相当な範囲」であることを充足させる）、
- ⅲ 上記ⅱをどのような言葉で伝えるのが適切か、言葉の選択をする（「超え」ないように表現に気を付ける）、

ということです。

これを具体的ケースに沿って示します。

ウ 典型的裁判例（ケース）で考える

A．ザ・ウィンザー・ホテルズインターナショナル（自然退職）事件

ⅰ．事 案

原告Xは高級ホテルの経営会社Y1の営業係長であったが、その上司のY2営業本部次長が（Y1のルールである）直行直帰原則禁止に違反したXに対し（しかも、あらかじめY2はXに直帰せず一旦帰社するよう指示したのに、Xは無視）、腹をすえかね怒りを抑えきれなくなり、同日午後11時少し前ころ、Xに携帯電話をかけ、その留守電に、「でろよ！ちえっ、ちえっ、ぶっ殺すぞ、お前！Ｉとお前が。お前何やってるんだ！お前。辞めていいよ。辞めろ！辞表を出せ！ぶっ殺すぞ、お前！」と録音（以下「本件8・15留守電」）したことが、パワハラとして争われた事案です。

裁判所は、本件8・15留守電は、Y2が上司という職務上の地

位・立場を濫用しXに行った脅迫・強要行為に当たり、その内容も通常人が許容し得る範囲を著しく超える害悪の告知を含むもので、Xの人格的利益を侵害し、民法709条の不法行為に該当する、慰謝料は70万円と判示しました。

ⅱ．どう注意・指導すべきだったか

　会社のルールである直行直帰の原則禁止をたびたび無視した部下（問題社員）への上司の感情的な言動が本件の本質です。下記ア～ウで分析していきます。

ア．「改善させたい問題行動は何か、を特定」

　→会社のルールである直行直帰の原則禁止をたびたび無視したこと、です。ルール違反なので改善を求めることは「業務上の必要」があります。

イ．「上記アを改善目的としその目的達成のために指導すべき適切な内容は何か、を確認」

　→部下に、会社の直行直帰原則禁止ルールの目的をしっかり説明し、部下がこれに違反していること、企業の服務規律を乱していることを指摘し、改善を求めること、が指導すべき適切な内容です。つまり、この内容であれば、「必要かつ相当な範囲」といえます。

ウ．上記イをどのような言葉で伝えるのが適切か、言葉の選択をする

　→上記イのルールの目的、違反の事実、これによって企業の服務規律が乱れていることを部下にわかるように伝えます。これ以上は言わないでください。

　このア～ウを、実際にする前に、紙にア→イ→ウの順に書いて整理しておくと、余計なことをしなくてよいでしょう。業務上必要かつ相当な範囲を「超え」ないようにします。

B．社会福祉法人千草会事件（福岡地判令元 .9.10・労経速 2402-12）

ⅰ．事案と判旨

　原告5名（X1〜5）のうち、X1〜4への、（X1に対し）「品がない」等、（X2に対し）「ばか」等、（X3に対し）「言語障害」等、（X4に対し）「学歴がないのに雇ってあげてんのに感謝しなさい」等といった発言が問題となりましたが、これらの発言がパワハラになるのは言わずもがななので、ここではX5の事案だけを取り上げます。

　このX5への事案は、施設利用者が手に便がついたまま食事をするのを見落としていた職員がいたことを生活相談員X5が上司Y2（Y1は社会福祉法人）に報告しなかったことに対し、Y2がX5を叱責するにとどまらず、便器掃除用ブラシをみずから（Y2自身）なめたうえでX5にもなめるよう指示し、なめさせた、という事案です。

　Y2は、自分（X5）がなめると言って任意になめたと供述しましたが、裁判所は、Y2の供述を信用せず、任意ではなく強要したと認定し、パワハラを認め慰謝料30万円の支払いを命じました。

ⅱ．どう注意・指導をすべきだったか

ア．「改善させたい問題行動は何か、を特定」

　「改善させたい問題行動」は、生活相談員であるX5の、施設利用者が手に便がついたまま食事をしていたことを職員が見落としていたことを改善させた様子がなく、Y2に報告もしなかった、という行動です。生活相談員として見落としてはならないチェックであり、上司への報告もこのような不衛生なことがされているのにしていないのは、改善すべきところです。

イ．「上記アを改善目的としその目的達成のために指導すべき適切な内容は何か、を確認」

改善させるための適切な内容は、たとえば、施設利用者の食事直前に職員が必ず食器と利用者の両手をチェックするようにすることが中心になるでしょうから、各食事前にチェック担当の職員を決め各食事毎に事前にそのチェックをするよう生活相談員から各職員に伝え、それが根付いているかをモニタリングし、その進捗をたとえば１週間毎にＹ２に報告する、ということかと考えます。上記アの問題点からすると、チェックの具体的やり方と、それが根付くまでの上司への報告が、「業務上必要かつ相当な範囲」といえます。

ウ．上記イをどのような言葉で伝えるのが適切か、言葉の選択をする

　Ｙ２はＸ５に対し、上記イの指導を各職員にするように、そして１週間毎にその進捗を自分（Ｙ２）に報告するように、を具体的に指示して伝えることです。このイに基づく具体的内容であれば、「業務上必要かつ相当な範囲」を「超え」ることはないでしょう。

　いずれにしても、便器掃除用ブラシを自分でなめたり、Ｘ５になめさせたりは、上記ア→イ→ウの整理をすれば、出てこないことです。

エ　パワハラとならないために注意・指導するうえでの実務上の留意点－まとめ

　部下の仕事の仕方を見ていていかがなものかと思うことが何度もあったときが、注意・指導するタイミングになります。その場合には、決して感情的になってはならず、論理的（科学的）に注意・指導をする必要があります。

　そのためには、１枚のＡ４サイズの白い紙を用意してください。

　そして、その中に上記ア→イ→ウの順に、１〜３行でまとめてください。もしまとまらなかったら、頭の中は整理ができていないことなので、その状態で注意・指導したら、間違った方法なり言葉を選択するリスクがあるので、やめましょう。

整理ができたら（A4サイズの紙に10〜12行くらいに簡潔にまとまるはずです）実際に注意・指導をしますが、その場合でも、他の社員の前ではせず、どこか会議室を借り、かつ書記役になる係長・主任に同席してもらい、Ａ４サイズの紙に記載したものを伝えます。そしてそれで終わらせます。

　もし、注意・指導の対象者が反論してきたら、その場で一応聞きますが、長くなるようでしたら、もし言い分があるならあなたの話を正確に理解したいので文書で別途出していただきたい、と言って話を終了させ、注意・指導の時間が長時間にならないようにしてください。

6 異動命令権とその規制

　企業は、事業の効率的運営のため、社員を組織の中で位置付け・役割を定め、かつ評価・指導等を行い、さらに必要に応じてその位置付けを変更したり（異動命令権）します。この異動命令権は、配転、昇進・昇格、降格、出向、転籍など、企業組織における社員の地位の変動の決定権限です（ただし、転籍には、原則として社員の個別同意が必要です）。

　問題社員への対応も、業務命令権（前記5）に基づいて注意・指導をするのが原則的な対応ですが、それで不十分であれば、配転、降格、出向といった異動命令権を行使します。

　以下、主なものについて解説します。

1 配転とその規制

ア 配転の意義、配転命令権の根拠

　配転とは、企業内での労働者の配置の変更であって、職務内容または勤務場所が相当の長期間にわたって変更されるものです。いわば、同一企業内の横の人事異動です。

Ⅱ-8　甲企業にいた労働者が配転、(乙企業へ)出向、転籍する場合の対比

	配　転	出　向	転　籍
在籍関係	甲企業	甲企業 (出向元)	乙企業
労務提供	甲企業	乙企業 (出向先)	乙企業

　企業の配転命令権の根拠には議論があります（契約説、形成権説）が、実際上の差異はほとんどありません。

　なぜなら、形成権説（労働契約には労働の場所、種類の決定を包括的に企業に委ねる合意が含まれている）によらなくても、契約説（配転命令は、職種・勤務場所に関する労働契約上の合意の範囲でのみ許され、拘束力を持つ）でも、通常、労働協約や就業規則には「会社は、社員に配転を命ずることがある。社員は、正当な理由のない限りこれを拒否してはならない」旨の規定があり、仮にこのような規定が不備でも、労働契約に同旨の条項があったり、なくても労働契約の合理的解釈から認められることが多いからです。

イ　配転命令権の範囲

　問題は、配転命令権の範囲です。職種や地域に限定合意がされている場合があります。これも労働契約を合理的に解釈して判断することになりますが、裁判例は、限定する積極的事情のない限り、限定合意を認めるのに慎重です。

　職種限定の積極的事情としては、次のようなものがあげられます。

ⅰ　当該職種に特殊の技術・技能・資格が求められる場合

ⅱ　当該職種に特別の訓練・養成を経て一定の技能・熟練を修得し、長い間その職種に従事してきた場合

ⅲ　長期雇用を予定せずに職種や所属部門を限定して雇用された場合

また、地域限定の積極的事情としては、次のようなものがあげられ

ます。

 i 採用時に家庭の事情等で転勤に応じられない等明確に申出が
  あった場合

 ii パート・アルバイトあるいはコース別採用など自宅から通勤で
  きない場所への配転は予定していない場合

 裁判例のこのような傾向は、わが国の労働契約において解雇権が大
幅に制限されている（解雇権濫用法理、契約法16条）こととの表裏の
関係です。つまり、いったん採用した労働者を解雇するのは基本的に
は難しいが、企業内での異動についてはその企業の裁量を認めよう、
その裁量を制限することになる職種・地域限定合意の認定は慎重にし
よう、ということです。労働契約はある程度の長期間継続することが
予定されますが、その間、企業を取り巻く環境は変化しますし、企業
の経営状態も変わります。解雇権を制限するなら、人員の再配置（配
転）を自由にしないと、企業は成り立ちません。企業が倒産し労働者
が失職すれば、労使双方が不幸です（Ⅱ－9）。

Ⅱ－9　判例による解雇権と配転命令権の規制の方向

法　律	解雇権に対して
	 →解雇権濫用法理で規制する方向
	配転命令権に対して
	 →企業内での人材の有効活用が自由にできるよう広く
	  認める方向
	 ① 職種・地域限定合意の認定に慎重
	 ② 配転命令権についても権利濫用法理で規制する
	  ものの、企業の裁量を広く認める

社会事実	長期雇用システム（労働慣行）

ウ　法令による規制

　均等法は、配転（業務の配分および権限の付与も含む）につき、性別を理由とする差別的取扱いを禁止（同6条1号）しています。

　また、労組法は、組合員であることを理由に不利益に取り扱ったり、組合活動に支障を生ぜしめる配転を行ったりすることは不当労働行為（同7条1号、3号）とします。

　よって、これらに違反する配転は強行法規違反で無効となり、また不法行為（民709条）に基づいて損害賠償請求がされたりもします。

　さらに、育児・介護休業法は、就業場所の変更を伴う配置転換にあたり、労働者が子の養育、家族の介護をするのに支障が生じないよう企業に配慮義務を負わせています。

　よって、このような配慮のない配転は公序良俗違反（民90条）、または次のエの権利濫用として無効となりえます。

エ　権利濫用法理による規制

　判例は、企業の配転命令権と労働者の利益とを、権利濫用法理によって個別に調整します。すなわち、同法理を確立した東亜ペイント事件（最二小判昭61.7.14）は、「使用者は業務上の必要に応じ、その裁量により労働者の勤務場所を決定することができるというべきであるが、転勤、特に転居を伴う転勤は、一般に、労働者の生活関係に少なからぬ影響を与えずにはおかないから、使用者の転勤命令権は無制約に行使することができるものではなく、これを濫用すること」は許されない、とします。

　この濫用になる場合として、次のような「特段の事情の存する場合」とします。

　i　業務上の必要性がないとき
　ii　他の不当な動機・目的をもってなされたとき

iii 労働者に通常甘受すべき程度を著しく超える不利益を負わせる
とき

そして、「業務上の必要性」とは、「異動が余人をもっては容易に替え難いといった高度の必要性」である必要はなく、「労働力の適正配置、業務の能率増進、労働者の能力開発、勤務意欲の高揚、業務運営の円滑化など企業の合理的運営に寄与する点が認められ」れば、あるとしています。

判例の権利濫用の判断枠組を表すと、Ⅱ-10のとおりです。

Ⅱ-10　配転命令権の権利濫用の判断枠組のイメージ

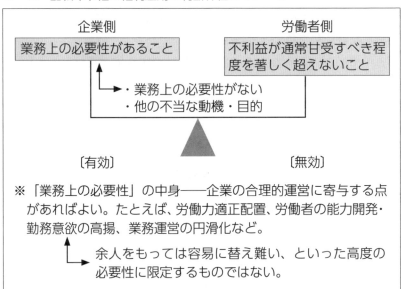

判例がいう特段の事情のうち前記ⅰ、ⅱは、要するに、業務上の必要性がない場合（ⅰ）か実質的にない場合（ⅱ）であり、上記ⅲの労働者に通常甘受すべき程度を著しく超える不利益を負わせるときが、業務上の必要性と調整（利益衡量）される労働者の利益（不利益）です。

そして、業務上の必要性は、「労働力の適正配置」等でもよいのです。多くの配転は何らかの業務上の必要性が認められるでしょうから、容易に認めうる「業務上の必要性」と「労働者の不利益が通常甘受すべき程度を著しく超えるか」を利益衡量することになります。

　つまり、配転命令権の権利濫用の判断枠組は、解雇権のその判断枠組とまったく異なり、「業務上の必要性」に重きを置いて、労働者の不利益は特別なものでない限り権利濫用にならない、というものです。

　この判例の判断枠組は、前記のとおり、解雇権が大幅に制限されている（解雇権濫用法理、契約法16条）こととの表裏の関係です。つまり、いったん採用した労働者を解雇するのは難しいので、企業内での異動はその企業の裁量を認めようということです（Ⅱ－9）。

　前記東亜ペイント事件以降の裁判例は、同判例を踏襲したうえで、労働者の不利益性が高いときは改めて業務上の必要性との利益衡量を厳格にして権利濫用の有無を判断します。その方法の1つは、余人に替え難いか等、業務上の必要性を厳格にみる方法です。もう1つは、労働者への著しい不利益を緩和する措置をとったか等、労働者の不利益性への配慮をみる方法です。裁判例で権利濫用が認められたケースは、帯広から札幌への転勤にあたり、隣接地に居住する両親が障害者、体調不良者、子供も障害者でかかりつけの医師による経過観察が必要なケースです（北海道コカ・コーラボトリング事件　札幌地決平9.7.23）。このようなケースでは、札幌への転勤による生活上の不利益は、通常ではありえないもので甘受すべき程度は超えていますし、自分の子や親と引き離されての生活の不利益は著しいといえます。

② 昇進（昇格）、昇級、降格、降級とその規制

ア　それぞれの意義

　昇進とは、企業組織における管理監督権限や指揮命令権限の上下関係（ライン）における役職（管理・監督職）、職位の上昇です。昇格とは、職能資格制度を採る企業における資格の上昇で、昇進と区別されます。ただ、役職や職位が職能資格と対応関係にある場合は、昇格は昇進の前提条件になります。

　昇級とは、職務等級制度上の等級の上昇です。職務等級制度では、役職や職位のランクを職務等級にまとめ、役職や職位はそのランクの職務等級にあることが前提条件になっています。

　降格とは、職位や役職を引き下げるもの（昇進の反対措置）と、職能資格制度上の資格等級を低下させるもの（昇格の反対措置）があります。

　降級とは、職務等級制度上の等級の引下げです。その結果、引き下げられた職務等級の役職、職位にしか就けないことになります。降格の１つとして降級が使われることもあります。

イ　法的性格

　昇進と（昇進の反対措置の）降格は、いわば同一企業内の縦（上下）の人事異動です。したがって、横の人事異動たる配転とは、同一企業内での人事異動（再配置）たる性質において本質的には同じです。

　これに対して、昇格と（昇格の反対措置の）降格は、職能資格制度を前提とした資格の上昇・下降であり、その性質は職務遂行能力の認定（昇格）とその取消し（降格）であって、人事異動とは異なります。

他方、職務等級制度上の等級の昇級と降格（降級）は、職務等級の上昇・下降であり、その性質は当該等級に位置付けられたレベルの職務を遂行する現実の能力の認定（昇級）とその取消し（降級）です（以上、Ⅱ－11参照）。

ウ　法令による規制

　均等法は、昇進・降格（これは、前記アのいずれの概念も含む広い概念です）につき性別を理由とする差別的取扱いを禁止（同6条2号）していますので、これに違反する差別は強行法規違反で無効となります。また、不法行為（民709条）に基づく損害賠償請求の問題となりえます。性別以外の事由を要件とするものでも、実質的に性別を理由とする差別のおそれがあるとして厚生労働省令（均等則2条3号）で定めるもの（間接差別）は、合理的理由がなければ、やはり禁止されます（均等法7条）。

　さらに、労組法は、組合員であることを理由に不利益に取り扱ったり、組合活動に支障を生ぜしめる昇進（格）・降格は、不当労働行為（同7条1号、3号）とします。そのため、その差別は、強行法規違反で無効に、また不法行為（民709条）に基づく損害賠償請求の問題となりえます。

エ　権利濫用法理等による規制

①　昇進、降格

　これは前記のとおり、配転と同様、人事異動（再配置）であり、企業の人事権の内容です。したがって、配転と同様に根拠付けられるとともに、権利濫用法理により個別具体的事案において労働者の不利益の程度が著しくないかが判断されます。

　ただ、配転と違うのは、人事異動が横ではなく、縦であることです。つまり、上昇する場合（昇進）は労使の利害は一致して問題は

生じませんが、下降する場合（降格）は横に異動するときと比較にならない不利益が労働者に生じます。特に、職務給中心の賃金制度を採る企業であって賃金も下がる場合には、降格の権利濫用の判断は厳格にされるでしょう。他方、年齢給中心の賃金制度を採る企業や職能給中心で職位との関連がない企業であって賃金は下がらない場合には、降格の権利濫用の判断は配転と同様にゆるやかにされるでしょう。

Ⅱ-11　降格概念の整理と法規制

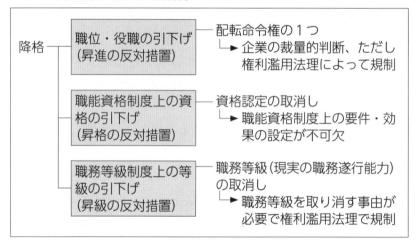

② **昇格、降格**

　これは、職務遂行能力の認定（昇格）と取消し（降格）なので、その能力の認定要件と取消要件を合理的に設定することが必要です。このような設定なしに取り消すことはできません（アーク証券事件　東京地決平8.12.11）し、降格要件該当性を判断することも慎重にする必要があるでしょう。

③ 昇級、降格（降級）

　これは、等級に位置付けられたレベルの職務を遂行する現実の能力の認定（昇級）とその取消し（降級）なので、その能力の認定事由と取消事由が必要です。もっとも、たとえば、課長職務等級から係長職務等級に降級する場合、○支社の△課長としての職務を果たせないときは、等級としての課長職務等等級レベルに満たないと推認ができるので、職能資格の引き下げたる降格よりは、容易といえます。裁判では、権利濫用が適用され、その中で判断されるのが通常です。

３　出向とその規制

ア　出向の意義・法的性格

　出向とは、労働者が自己の雇用先の企業に在籍したまま、他の企業の事業場において相当長期間にわたって当該他企業の業務に従事することをいいます（Ⅱ－8参照）。

　この場合、出向者は、出向元企業においては「休職」となるのが通常です。そして、労働時間、休日などの勤務形態は出向先企業の就業規則に従って定められ、労務遂行の指揮命令権も出向先企業が持ちます。出向先企業が労務提供を受けることから、出向とは労働契約の一部譲渡（民625条参照）になります。

　出向の法的枠組は、従前の企業（出向元企業）に籍を置きながら、労務の提供を他企業（出向先企業）にするものです。通常、出向元とは包括的労働関係、出向先とは部分的労働関係という二重の労働関係が生ずると表現されています。出向関係を図で表すと、Ⅱ－12のとおりです。

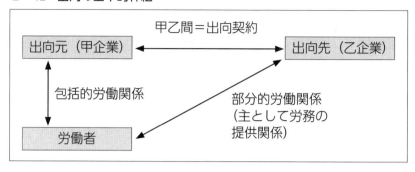

イ　出向命令権

　企業が出向命令権を取得する根拠としては、労働者の同意が必要です（民625条）。そこで多くの企業では、就業規則に異動の規定を設ける中に、（配転に加えて）出向があることを明記します。就業規則にこのような定めがあれば、個々の労働契約の内容となる結果、企業は労働者が出向に同意をしている前提で、その同意の範囲内で出向命令権を取得することとなります。

ウ　法令による規制

　法令による規制は、配転と同様のことが妥当します。

　また、出向は、その概念上、職安法44条で禁止される労働者供給の概念（同法4条6項）に該当しうることから、その適法性に疑義のあるところです。

　しかしながら、出向自体の適法性は、従来からの判例法理の積み重ねの中で肯定されてきており（最近では、新日本製鐵［日鐵運輸第2］事件　最二小判平15.4.18、以前からも JR東海出向事件　大阪地判昭62.11.30、佐世保重工業事件　長崎地佐世保支判平元 .7.17等多数）、これらの裁判例の中で、出向が職安法44条の労働者供給にあ

たるとして違法とした例は皆無です。

　旧労働省も、営利目的や営利活動として行われるものでない限り、「①労働者を離職させるのではなく、関係会社において雇用機会を確保する、②経営指導、技術指導の実施、③職業能力開発の一環として行う、④企業グループ内の人事交流の一環として行う等の目的を有して」いる出向は、「出向が行為として形式的に繰り返し行われたとしても、社会通念上業として行われていると判断されるものは少ない」とし、これらの目的に基づく出向は、繰り返し行われても業（労働者供給事業）には該当しない、としています。つまり、これらの出向は、概念上労働者供給（職安法4条6項）に該当するが、「業」（同44条）には該当しない、という整理です。

　契約法も、出向自体の適法性を前提に権利濫用法理で規制します（14条）。

エ　権利濫用法理による規制

　この出向命令権も、配転命令権と同様、権利濫用法理によって規制されます。ただ、出向の場合は、配転より労働者に与える影響が大きいので、契約法は明文（14条）をもって権利の濫用を規制します。すなわち、「使用者が労働者に出向を命ずることができる場合において、当該出向の命令が、その必要性、対象労働者の選定に係る事情その他の事情に照らして、その権利を濫用したものと認められる場合には、当該命令は、無効とする」ということです。要するに、業務上の必要性と労働者の労働条件または生活上の不利益の利益衡量で（Ⅱ－10参照）、当該出向命令の有効性が判断されます。

　基本的な判断枠組は配転命令権と同様ですが、出向では、配転と違って異なる企業に労務を提供することになるため、不可避的に労働条件の不利益が生じやすいといえます。なぜなら、同じ企業内の人事異動である配転では、事業場が異なっても労働条件は同じなのが通常

ですが、別企業への人事異動である出向では、その別企業の所定労働時間、休憩時間等に合わせる必要があるからです。

そのため、各企業では、就業規則の異動の規定だけではなく、出向規程を設けて出向者の労働条件の不利益を主に賃金で補填する規定を設け、出向命令が権利濫用とならないように手当てをします。一般的にいうなら、労務提供面は出向先に合わせながら、賃金面や福利厚生面は出向元のままにする、というものです。労務提供面を出向先に合わせる結果生ずる出向者の不利益は、賃金面で補填することで、それが大きくならないよう（出向命令が権利濫用とならないよう）配慮するのです（Ⅱ−10参照）。そして、出向元と出向先は、出向者にかかる費用等につき取り決めなければなりませんので、通常、出向元と出向先との間で出向契約書を取り交わします。

4 転籍とその規制

ア 転籍の意義・法的性格

転籍とは、労働者が自己の雇用先企業から他企業へ籍を移して、当該他企業の業務に従事することです（Ⅱ−8参照）。具体的には、転籍は、甲企業との間の労働契約を終了させて、乙企業との間に新たに労働契約を成立させる人事異動です（Ⅱ−13）。

この転籍には、次のとおり、2類型あります。

A 旧労働契約の合意解約と新労働契約の締結（通常の転職と異なるのは、旧労働契約の合意解約と新労働契約の締結が密接に関連し、新労働契約が無効となれば、旧労働契約が復活する関係にあるという点）

B 労働契約上の使用者の地位の譲渡（契約上の地位の譲渡）

労働者は、Aでは、旧労働契約の合意解約と新労働契約の締結という2つの意思表示をすることになります。他方、Bでは、契約上の地

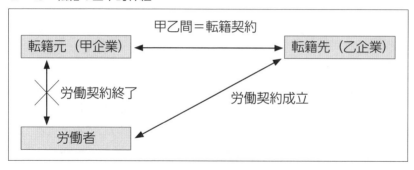

位（使用者の地位）の譲渡についての同意という１つの意思表示をすることになります。いずれにしても、労働者の意思とは無関係に転籍の効果は発生しません。

　ただ、Aでは、旧労働契約と新労働契約は別個のものですから、内容が違うことはむしろ当然で、旧労働契約における退職金制度や年次有給休暇は合意解約の時点で通常は清算されますが、Bは、契約上の地位の譲渡ですから、その内容は使用者が変更されても同じで、退職金制度や年次有給休暇も特段の清算合意のない限り、新しい使用者に引き継がれます。

　以上からわかるとおり、Aは、グループ会社外に転籍し、したがって退職金も年次有給休暇もリセットする必要があるときに使われるものです。他方、Bは、同一グループ会社内で、かつ同規模で同レベルの待遇水準のある企業への転籍のため、退職金も年次有給休暇もリセットする必要がないときに使われます。

イ　転籍の規制

　転籍は、前記のとおり、労働者の意思と無関係に実施することはできません。ただ、転籍も出向のようにあらかじめ包括的に同意を得ることで、転籍時点で転籍命令を発令することは、法的には可能です。

しかし、転籍の法的枠組みでは、出向のように事前に有効な同意を得ることは、基本的には困難です。

出向は、包括的労働関係は出向元（労働契約を締結した相手）、部分的労働関係は出向先という二重の労働契約関係が生ずるもので、その同意が必要なのはこの部分的労働関係が生じる部分です。労働者にとって契約の相手方が一部変更になるため、労働時間、休憩、休日といった労務の提供内容に不可避的に変更が生じるので、その点を同意（出向命令権の創設）と権利濫用法理（出向命令権への規制）によって、労働者の利益が害されることのないように保護します。

一方、転籍は、労働者が労働契約を締結した相手とは関係がなくなり、新たな相手と労働契約関係を持つという法的枠組みです。この新たな相手と将来労働契約関係を持つことを、事前に（当初の労働契約を締結した相手とその労働契約締結の時点で）同意するということは、グループ企業間での転籍が常態化して転籍条件が明確化されている場合以外、考えにくいことです。

過去の裁判例でも、グループ企業間での転籍が常態的に行われ転籍条件が明確になっていたケースで転籍命令を有効としたものが1件（日立精機事件　千葉地判昭56.5.25）あるだけです。その他のケースでは、転籍時点で個別同意がないと転籍を認めていません（たとえば、三和機材事件　東京地決平4.1.31）。

そこで、転籍においては、企業は労働者に対し転籍の条件等を整備し、転籍を奨励するという方法になります。つまり、籍を残さず異なる企業への人事異動となる転籍では、転籍時点で対象者から個別同意を得ることが必要です。

懲戒権とその規制

1 懲戒権の根拠

　懲戒処分とは、企業が社員に対し、企業秩序違反行為（非違行為、つまり非行行為、違法行為）に対し制裁として行う不利益処分です。

　判例の表現を借りれば、企業は、その存立と事業の円滑な運営のために、それを構成する「人的要素」である社員と物的施設を総合し、合理的・合目的的に配備組織して企業秩序を定立し、その下に活動を行うものです。企業は、この企業秩序として必要な諸事項を規則に定め、具体的に社員に指示・命令をすることができます（企業秩序定立権）。そして、企業秩序違反行為には、その内容・態様・程度等を明らかにして、事実関係の調査をし、乱された企業秩序の回復に必要な業務上の指示・命令をし（調査権等）、さらには、「規則の定めるところに従って」制裁としての懲戒処分を行うことができます（懲戒権）。

　社員も、労働契約を締結して企業に雇用されることによって、企業に対し労務提供義務を負うとともに、これに付随して企業秩序遵守義務その他の義務を負います（以上、富士重工業事件　最三小判昭52.12.13、国鉄札幌運転区事件　最三小判昭54.10.30）。

　以上、企業秩序定立権・懲戒権と企業秩序遵守義務は企業および労働契約の本質から導かれるものですが、懲戒処分を行う場合は、「規則の定め」が必要となります。当然、「規則の定め」を遡及して処分することもできないこと（不遡及の原則）は、その帰結です。

2 規　制

　多くの企業では、就業規則に「懲戒」の規定を設けて、いかなる場合に懲戒となるのか（懲戒事由）、そして、どの事由の場合にいかなる懲戒処分がされるのか（懲戒処分の種類と内容）を明確に定めています（Ⅱ－14、労基法89条9号）。

Ⅱ－14　懲戒事由と懲戒処分の明記の例

（懲戒事由）
第60条　社員が次の各号の一つに該当する場合は、これを懲戒する。
　①　本規則、会社の定める諸規程または法令に違反したとき
　②　正当な理由なく、たびたび遅刻、早退または欠勤したとき
　③　勤務に関し注意されたにもかかわらず改善しないとき
　④　故意または過失により会社に損害を与え、または会社の信用を傷つけたとき
　⑤　重要な経歴を偽り、またはその他不正な方法を用いて採用されたとき
　⑥　その他前各号に準ずる不都合な行為があったとき

（懲戒の方法）
第61条　懲戒は、その程度に応じ次の各号により行う。
　①　けん責：始末書をとり将来を戒める。
　②　減給：始末書をとり1回につき平均賃金半日分以内を減給する。ただし、2回以上にわたる場合は、その総額はその月の賃金総額の10分の1を超えないものとする。
　③　停職：始末書をとり3か月以内の期間を定めて職務に従事させないものとし、その期間給与を支給しない。
　④　降格：始末書をとり資格を下げる。
　⑤　諭旨解雇：退職を勧告して解雇する。
　⑥　懲戒解雇：予告期間を設けることなく即時に解雇する。

そして、このように就業規則に明記された懲戒権も、権利濫用法理によって規制され、「使用者が労働者を懲戒することができる場合において、当該懲戒が、当該懲戒に係る労働者の行為の性質及び態様その他の事情に照らして、客観的に合理的な理由を欠き、社会通念上相当であると認められない場合は、その権利を濫用したものとして、当該懲戒は、無効」（契約法15条）となります。

　また、手続も適正になされなければならないとされます。

　以上の法規制をまとめると、Ⅱ－15のとおりとなります。よって、非違行為が懲戒処分を発動するまでのレベルに達していないときは、懲戒処分まではせず、厳重注意にとどめるという対応（**書式25**）もありえます。

Ⅱ－15　懲戒権を規制する諸原則

> ・懲戒事由と懲戒処分の明記
> ・不遡及の原則
> ・一事不再理の原則（二重処分の禁止）
> ・権利濫用法理
> 　　├── 客観的合理的な理由の存在
> 　　└── 相当性（公平性の要請を含む）の存在
> ・手続の相当性

　問題社員への対応も、懲戒権行使の必要性、妥当性を常に頭に入れながら検討する必要があります。

3 制度・運用の検証

ア 懲戒処分（Ⅱ-14の規定例で検証）

① 減　給

> **Point**
> ・ 賃金の10分の1以内の意味…2～3か月にわたって1つの減給処分はできない

　労基法91条は、「就業規則で、労働者に対して減給の制裁を定める場合においては、その減給は、1回の額が平均賃金の1日分の半額を超え、総額が一賃金支払期における賃金の総額の10分の1を超えてはならない」と規制します。そこで、この規制の内容を正確に理解することが必要です。よく誤解されることとして、1つの事案につき一賃金支払期（通常1か月）の賃金の10分の1を超えられないことへの対応として、たとえば、当該月と翌月、翌々月の3か月で各10分の1を減額する、ということが行われます。しかしこれは、そもそも「1回の額が平均賃金の1日分の半額を超え」ているため、労基法91条違反です。加えて、1つの事由につき、3回処分することに他ならず、二重処分の禁止にも該当し、いずれの点からも違法です。

② 出勤停止・停職

> **Point**
> ・ ①との区別を明確に
> ・ 長期の出勤停止・停職は重い処分なので、濫用かの判断は慎重にされる

　出勤停止・停職中は賃金が一切支払われません。これと減給に対

する労基法91条の上記規制（①）とは、クリアに区別する必要があります。

　減給が厳しく規制されるのは、既発生の賃金債権には全額払いの原則がある（労基法24条1項）のに、それを減らす、つまり支払わないからです。それゆえ、その減らす限度に厳しい規制があるのです。

　他方、出勤停止・停職処分の場合、その期間中の賃金債権は未発生です。つまり、出勤停止や停職でそもそも出勤ができないので、その期間中は賃金債権は発生しないのです。それゆえ、全額払いの原則とは無関係であり、限度についての厳しい労基法の規制（24条1項、91条）は及ばないのです。

　ただ、出勤停止・停職が長期となれば、当然、働けないことで賃金も発生せず当該労働者へのダメージは大きいといえます。それゆえ、懲戒権濫用法理による規制（契約法15条）がされ、重い懲戒処分ではより慎重に濫用の有無が判断されます。出勤停止・停職が長期となれば重い懲戒処分になるので、濫用の判断が慎重にされます。このことは、十分留意が必要です。

③　降職または降格

> **Point**
> ・　人事権の行使との区別を明確に

　人事権の行使（異動命令権の一種）でも降職（または降格）があるので、それと懲戒処分としての降職とは、クリアに区別する必要があります。これらは規制する法理が異なります。

　前者は、権利濫用法理で規制されますが（契約法3条5項）、その判断枠組は、降職（格）の業務上の必要と降職（格）される社員の不利益の程度との比較衡量です。

　他方、後者は、懲戒権濫用法理（同法15条）で判断されますが、

その相当性の判断は、当該非違行為と懲戒処分とのバランス（均衡）です。

　そして、一つの非違行為に対して懲戒処分と人事権の行使としての降職（または降格）を行うことは、二重処分の禁止の原則には違反しません。なぜなら、人事権の行使は（懲戒）処分ではないからです。たとえば、セクハラした部長に対し、懲戒処分として出勤停止１週間と人事権の行使として部長職から次長職への降格を行うことは、可能です。

④　諭旨退職

> **Point**
> * 　辞職＋反省文でも、実質、諭旨退職となる…リスク回避の観点から考える
> * 　退職金の不支給は、裁判例によれば、永年の勤続の功労を抹消または減殺する背信性がどの程度あるかの実質的判断がされるので注意

　懲戒処分として諭旨退職を行う他に、反省文の提出の要請と退職勧奨をし、本人がこれに応じたときは自主退職にして懲戒処分をしない、という扱いをすることがあります。

　これは、形式上は自主（自己都合）退職ですが、実質的には諭旨退職です。訴訟のリスク回避と、当該社員の再就職の困難さの回避等のため、このような対応が実務上よく行われます。ただ、労務管理上は、一般の自主退職と区別して整理する必要があるので、本人からの退職届（願）の退職理由のところには、「別紙反省文のとおり」と記載させ、反省文を退職届（願）に添付させて提出させるべきです（**書式１**）。

　なお、諭旨退職において、退職金を全額または一部支払わないことができるかは、退職金規程にその旨の規定があることと、当該事案において永年の勤続の功を抹消または減殺するだけの背信性があ

るか（日本リーバ事件　東京地裁平14.12.20判決、小田急電鉄事件　東京高裁平15.12.11判決参照、下級審判例の主流）を実質的に判断して、慎重に決める必要があります。

⑤　懲戒解雇

> **Point**
> ・　極刑なので、非違行為自体だけではなく、その行為までのプラス・マイナスの情状を慎重に判断する必要あり
> ・　解雇予告金の不支給は、「労働者の責に帰すべき事由」の判断による。懲戒解雇だから当然に不支給は、間違い

　懲戒解雇は極刑なので、当該非違行為の悪質性だけでなく、それまでの当該社員の企業への貢献等で汲むべき情状があるかも含め、さまざまなプラス・マイナスの情状を考慮したうえで判断する必要があります。

　ここで誤解されやすいこととして、解雇予告金（または予告期間）の要否があげられます。普通解雇では解雇予告金（または予告期間）が必要、懲戒解雇では不要、というのは正しい理解ではありません。解雇予告金（または予告期間）の要否は、「労働者の責に帰すべき事由」があるか（労基法20条1項）否かにより決まります。そしてそれは労基署による認定が必要です（適用除外認定、ただし、これは行政上の免罰効果で、私法上の効力とは関係ない）。懲戒解雇だから当然に「労働者の責に帰すべき事由」があり、解雇予告金（または予告期間）不要というのは、正しい理解ではありません。付言すると、労基署は、「労働者の責に帰すべき事由」の認定に概して慎重なので、かなりの悪質性がないと認定しません。この点も注意してください。

⑥ 懲戒処分の併科

- 就業規則にその旨明記がされていれば可能

　たとえば、降職に停職を併科したり、出勤停止に減給を併科することが可能か、という問題です。これは二重処分であると考える人もいると思いますが、筆者は就業規則に併科することが明記されている限り、これには該当せず、相当性の問題が生ずるにすぎないと考えます。つまり、当該非違行為が併科した懲戒処分をするほど悪質か、という点が問われるだけです。なぜなら、刑法でも、罰金等は他の刑と併科されうるのであり（刑48条、53条）、それが一事不再理の禁止、二重処罰の禁止との関係で問題にならないのは、そのように法律上明記されているうえ、併科それ自体が1つの犯罪行為に対する1回の処罰といえるからです。刑法と懲戒処分は同じ構造なので、パラレルに考えてよいはずです。すなわち、刑法は、犯罪という国家法秩序違反行為に刑罰というペナルティを科すのに対し、懲戒処分は、非違行為という企業秩序違反行為に懲戒処分というペナルティを科すので、基本的構造は同じであり、ただ、刑法のほうが国家権力による担保がされ強制力がある点に違いがあるだけです。

　たとえば、Ⅱ−14の規定例第61条本文に続けて、「ただし、その程度に応じ、次の各号の処分を併科することがある。」と定めておけば、可能です。逆に、そのような明記がなければ、併科することは、明記されていない懲戒処分をしたことになり、違法無効です。この場合、どちらかが有効となるものではなく、併科した処分すべてが無効になると考えます。

イ　懲戒事由

①　懲戒事由を列挙する際の留意点

　各懲戒処分に共通の事由を列挙してもよく、また、別々にしてもよく、その設計は各企業の裁量でできます。ただ、懲戒事由をその処分ごとに別々にするときは、各処分の事由間にバランスが必要です。その点は、よく確認しておく必要があります。

　懲戒事由の列挙は、懲戒事由を就業規則に明記しなければならない（労基法89条9号）関係上、不可欠（明記されなければ、懲戒できない）ですが、相当性の原則から、明記された事由があるからといって当然に懲戒処分が有効になるとは限りません。すなわち、当該事由に該当する具体的な非違行為と選択する当該懲戒処分にバランスがとれていなければ、懲戒権の濫用として無効となるのです。懲戒事由の列挙・明記は、懲戒権を行使する不可欠の条件ではあるが、十分条件ではない、ということです。

　この点を意識して、懲戒事由を列挙していく必要があります。たとえば、懲戒事由として、「連続して10日以上、正当な理由なく欠勤したとき」としたら、連続9日無断欠勤をした社員には懲戒処分はできません。逆に、連続15日無断欠勤をした社員に、極刑である懲戒解雇を選択できるかといえば、たしかに懲戒事由に該当しますが、懲戒処分とのバランス（相当性）が必要であるゆえ、通常15日の無断欠勤での懲戒解雇は、以前も連続した無断欠勤が何度かあったという場合でなければ、いきなりは重すぎる、という評価になりやすいです（懲戒権の濫用で無効となる）。

　次に、懲戒処分ごとに、懲戒事由の列挙をするときは、それぞれの処分事由の整合性に注意が必要となります。懲戒解雇等の重い懲戒処分の事由は、列挙の段階でも重大な非違行為の列挙でなければなりません。他方、訓戒等の軽い懲戒処分の事由は、列挙の段階でも軽微な非違行為の列挙でなければなりません。逆転していたり、

同じレベルの事由を列挙することは、絶対にしてはいけないのです。

② 包括事由を明記するにあたっての留意点

> **Point**
> - 包括事由は必ず入れるべし
> - ただし、「前各号」が具体的にないと、「その他前各号に準ずる不都合な行為をした」とは、どういうことか不明確になる

　懲戒事由をできるだけ列挙することが、前述の明記すべきとの要請に適いますが、あらゆるケースを想定して列挙しつくすことは難しいです。そのために、規定例（Ⅱ－14）の第60条6号のように、「その他前各号に準ずる不都合な行為があったとき」と、包括事由を最後に付け加えます。ただ、この「その他前各号に準ずる不都合な行為があったとき」というのは抽象的で、懲戒事由を明記したといえるか問題ですが、それまでの具体的事由（規定例だと1～5号）の列挙によって、「前各号に準ずる不都合な行為」は、ある程度予想がつきます。逆に、「前各号」の列挙が少なければ、包括事由で懲戒事由が明記されたといえるか、疑義が生じることになります。

ウ　手　続

> **Point**
> - 悪い社員ほど逃げ足は早い→退職届を出して2週間で退職（懲戒処分できない）になる
> - 懲戒委員会は必要に応じて設置する程度でよい（就業規則等で制度化しない）
> - どうしても設置したいなら、再審査委員会としての位置付けにする

企業によっては、懲戒処分を行う手続の中で、弁明の機会だけでなく、懲戒委員会（名称はいろいろです）を設置して制度化するところがあります。

　しかし、筆者は、これに反対です。悪い社員ほど、逃げ足は早いものです。このような委員会で審議する間に、自主退職してしまうのです。法律上、退職届を提出すると14日で退職の効果が生じます（民627条１項）。就業規則で期間を延ばしても、一般的には30日ないし１か月なので、懲戒委員会で審議していては間に合いません。しかも、退職金規程の中に「懲戒解雇事由があって退職する者は、懲戒解雇でないとしても、退職金は支給しない」との規定がないと、退職金まで支払わなければなりません（ただし、あまりにひどいケースで企業を救済したものとして、アイビ・プロテック事件東京地判平12.12.18があります。これは、労働者からの退職金請求を権利の濫用として否定した、めずらしい裁判例です）。

　よって、懲戒処分を行う手続の中で、懲戒委員会を設置し制度化することは止めるべきです。もし複雑な事案で慎重な判断のために必要なら、就業規則に定めるのではなく、そのときに適宜設置すればよいのです。ただ、すでにある懲戒委員会を廃止することは、一種の不利益変更の問題となりうるので、注意が必要です。

　どうしても設置したいなら、再審査委員会としての位置付けにするのです。つまり、懲戒処分を言い渡して効力を生じさせたうえで、不服申立手続として位置付けます。これによって、逃げ足が早い社員への対応と、手続の慎重さ確保の両者を調和させることが可能となります。

エ　懲戒処分が争われる際の２つの論点

①　相当性

　懲戒処分の有効性が争われるポイントの１つは、「重すぎる」という争われ方です。実際、懲戒処分が「重すぎ」たときは、相当性を欠くとして懲戒権の濫用で無効（契約法15条）となります。「重すぎる」と言われないためには、次の２つに注意する必要があります。

- **非違行為と懲戒処分との均衡（バランス）**
- **先例とのバランス**

　前者の非違行為と懲戒処分との均衡（バランス）は、非違行為の悪質性に見合う懲戒処分といえるか、ということです。処分するときは、応々にして、強気で「重め」に処分する傾向がありますので、冷静に判断するよう（強気の意見に押されないよう）注意してください。

　後者の先例とのバランスも、当該企業における処分の相場とかけ離れていれば、やはり相当性を欠くとして、懲戒権の濫用で無効（契約法15条）となります。先例がないかどうかを処分の前に必ず確認し、先例があるときは、これから離れないよう注意してください。

②　手続　〜事情聴取と弁明の機会付与を区別する

　懲戒処分においては、事前に弁明の機会を付与するのが原則です。ただし、例外として、本人が弁明の機会を使う意思がなかったり、処分まで時間的余裕がなかったりするような場合、付与しなくても必ずしも手続に瑕疵が生じるものではありません。

　そして、弁明の機会とは、嫌疑を明確にぶつけてはじめて弁明の機会といえます。

　すなわち、当該非違行為者（と疑われた者）への弁明の機会の付

与と調査のための事情聴取とは、明確に区別する必要があります。

　後者は、あくまで非違行為に対する企業の調査権行使であって、本人への弁明の機会の付与ではありません。ただ、嫌疑が固まった段階で、本人への再確認のための事情聴取の際、本人に対し、「**会社は、あなたには○○○○（嫌疑事実）があったと判断しているが、この点（嫌疑事実）につき、あなたは何か弁明することはないか**」と明確に付与すれば、それは弁明の機会も付与したことになるでしょう。もっとも、調査を始めて間もない段階では、このような調査のための事情聴取と本人への弁明の機会の付与を同時に行うのは無理があります。調査を始めて間もない段階で事情聴取をしたときは、嫌疑が明確になったときに改めて弁明の機会を付与する必要があります。

8 人事考課の活用

　賞与、昇給の有無・額は、通常、人事考課に基づき決定します。問題社員には、人事考課をきっちりし、賞与や昇給の金額に反映させることで、企業が当該社員をどう見ているかをしっかり伝えることが必要です。

① 賞　　与

　賞与は通常、年に2回（夏季、冬季）または1回（前年度分を翌年2〜3月に）支給し、当該企業の業績配分、賃金後払的性格を有するものです。賞与制度は任意の制度であり（労基法89条4号参照）、その設計は当該企業に裁量があって、社員に当然に賞与請求権が認められるものではありません。

　多くの就業規則（賃金規程）では、「賞与は、会社の業績と社員の職務遂行に応じて支給することがある」といった規定になっています。この規定の仕方では、賞与を支給するか、支給するとしていくらとするかは、企業の広範囲な裁量に委ねられるといえます。

　この賞与設計と人事考課をセットにして、問題社員へはきっちりその問題度をマイナスに評価して、賞与の金額に反映させ、かつ当該問題社員にフィードバックすることで認識を共有させるのです。

② 昇　　給

　給与には昇給がつきものですが、社員が権利として昇給を求めることができるかは、賃金規程の定め方次第です。年功型賃金制度では、毎年の定期昇給は、額はともあれ少なくとも慣行として行われますが、能力主義賃金制度では、毎年1回の定期昇給という考え方自体を否定する傾向にあります。

　もっとも、賞与と違って昇給では、多くの就業規則（賃金規程）で「昇給は、年1回、会社の業績と社員の職務遂行に応じて支給することがある」といった規定になっていても、賃金テーブルも用意し、毎年最低1号俸か2号俸は必ず昇給する慣行の企業が相当数です。つまり、年功的昇給の慣行が主流といえます。そうなると、上記規定の仕方をしても、慣行の限度で企業の広範囲な裁量が規制されます。つまり企業は、その裁量権を、慣行を尊重しながら行使する必要があるのです。もっとも、その慣行を変更することも可能ですが、その場合、慣行が個別の労働契約を補充していると評価されるので、労働条件の不利益変更の方法（契約法10条）で行うことになります。

　いずれにしても、問題社員へは、慣行で規制されるものの、人事考課できっちりその問題度をマイナスに評価し、昇給金額に反映させ、かつ当該問題社員にフィードバックすることで認識を共有させるのです。

③ 人事考課

　賞与・昇給に問題社員の問題度を反映させるのに人事考課が重要になりますが、それは各企業が裁量で設計し実施するものであり、労働法が規制するものではありません。ただ、その設計と実施における留意点があるので、以下、解説します。

ア 設　計

①　人事考課項目の構成、定義、基準を明確にする必要

　市販の本の受け売りではなく、あくまで参考にとどめ、自企業に必要な事項を人事考課項目にしてください。自企業の文化・経営方針を基点とし、それを構成員たる社員にどのように担ってほしいかを検討し、その検討結果を人事考課項目に反映させるのです。すなわち、自企業の文化・経営方針を各職務、仕事のレベルまでに分析し細分化して分担させる、という発想で設計してください。

　たとえば、ある食料品販売会社では、利益率の高いA商品の販売を中心に行い、ただ販売金額だけ増えればよいというのではなくコストに見合う販売金額の伸びを求めるという当面の経営目標を立てていたとします。

　そうすると、営業部門では当然、コストを重視しながらA商品の販売実数を伸ばすことが目標になります。そこで、部門長の人事考課項目は、そのA商品の販売計画の内容と遂行状況が中心となります。その下の課長であれば、担当となっているそれぞれの地域、顧客層の単位で、部門が策定した販売計画を各地域、各顧客層の特性に応じてどう具体化したかが人事考課項目となり、さらにその下の社員は、自分が担当する地域、顧客層の特性に応じてどう実施したかが人事考課項目になります。このように、企業の経営目標（方針）を、部門長→課長→各課員にブレイクダウンさせるのです。当然その内容を評価するにあたっては、コストを度外視した具体化・実施は評価せず、コスト感覚に裏打ちされた販売計画・遂行か（部門長）、その具体化か（各課長）、実際に実施していたのか（各課員）、と分析・細分化するわけです。

　次に、経理・総務等の間接部門でも同様に、その経理業務、総務業務といった間接的な作業をコストに見合うかたちで合理的に遂行するという経営方針の下に、部門長はそれを計画として作成し実際

に遂行したか、課長、各課員はさらにその計画を具体化し（課長）実施したか（課員）を、それぞれの人事考課項目とします。具体的には、無駄な会議を削減したか、会議は30分以内に成果を出して終わらせたか、その成果は何に使われどういう良い結果をもたらしたか、会議で発言しなかった者を外し少数精鋭で行ったか、無駄な仕事を課員にさせていないか、残業時間の多い者はいないか等を、人事考課項目に入れたりするのです。

②　上記①の周知

　上記①を周知し、できれば年1回は社員向け説明会を開催し、自企業の文化・経営目標・方針、各社員の分担する職務・仕事の方向性、また、それを人事考課で評価することを、徹底して伝えてほしいです。

イ　実　　施

①　人事考課者のトレーニング

　アで立派な人事考課制度を設計しても、実際に運用を担当する人事考課者が機能しなければ、制度が死んでしまいます。部下を評価することが苦手で、応々にして甘くつける上司（人事考課者）がよくいます。

　このような上司への対策として、部下を適正に評価するトレーニングをする必要があります。それをしても適正評価ができなければ、管理職（人事考課者）の適格性なしということで、降格しないといけません。

②　被考課者へのフィードバック

　必ずしも必要ではないですが、次のような目的のために、人事考課の結果を被考課者にフィードバックしておくとよいでしょう。

- 人事考課を責任ある内容とするため（人事考課者が、被考課者からの反論に耐えられる必要がある）
- 人事考課結果を企業と被考課者で共通化するため

9

休　職

1 休職制度

ア　休職制度の意義・法的性格

　休職とは、ある労働者に労務への従事を不能（または不適当）とする事由が生じた場合に、企業がその労働者に対し労働契約は維持させながら労務への従事を免除または禁止することです。

　休職制度は、法令に別段定めがあるわけではなく、企業が人事管理の観点から創設した任意の制度です。それゆえさまざまな種類があり、次のようなものがあります。

- ・　私傷病休職（傷病休職）
- ・　事故欠勤休職
- ・　起訴休職
- ・　出向休職
- ・　自己都合休職
- ・　組合専従休職
- ・　企業が必要と認めた場合の休職

　休職は任意の制度ですから、設けなくてもよいし、設ける際もどのような種類の休職をどのような要件、待遇とするかも、基本的には企業の裁量に属します。

イ　休職制度の内容

　多くの企業では、労務管理の観点から休職制度を設計していますが、最大公約数的にいえば、次のようになっています。

- ・　休職制度の対象は、正社員に限る
- ・　休職は、私傷病休職、出向休職を中心とする
- ・　私傷病休職は、在職期間に応じて休職期間を設定し、かつ勤続1年未満は対象外とする。休職期間は退職金の算定基礎には入れず、休職期間中は無給を原則とする
- ・　出向休職は、退職金の算定基礎に入れ、給与は出向規程の定めるところによる
- ・　企業が臨機応変に対応できるよう、必要と認めた場合休職発令をする旨を入れておく。この場合の退職金計算および給与については、企業が個別に決定する

　それでは、問題社員対応において密接に関係する私傷病休職制度を中心に、実務上問題となる事項について、以下、説明します。

②　私傷病休職と解雇の関係

ア　休職事由発生時

　まず、健康を害して勤務に耐えない社員（最近うつ病が多い）が出た場合、私傷病休職制度があれば、これを適用せずいきなり解雇することは、就業規則の普通解雇事由に「健康状態が勤務に耐えられないと認められるとき」とあったとしてもできないでしょう。なぜなら、企業が私傷病休職制度を設けたのは、社員が長期欠勤を要する病気になっても解雇は猶予し療養してもらう趣旨と解釈できるので、それを適用せずに解雇するのは、解雇権の濫用と評価されるからです。

　ただ、病気や傷の状態からして、休職期間では到底治癒しないこと

が客観的に明らかであれば（たとえば、運転手で採用したが病気のため失明した場合）、休職制度を適用せずに解雇しても権利濫用にはならないでしょう。

イ　休職期間満了時　～治癒の概念

　私傷病休職制度では、治癒した（復職可能）か否かで争いになります。すなわち、治癒の概念につき、古い裁判例は、「従前の職務を通常の程度に行える健康状態に復したとき」（平仙レース事件　浦和地判昭40.12.16）としていました。しかし、最近の裁判例は、当初は軽易業務に就かせればほどなく通常業務へ復帰できるという回復ぶりである場合には、企業にはそのような配慮を行う義務がある（エールフランス事件　東京地判昭59.1.27、全日本空輸事件　大阪地判平11.10.18、独立行政法人Ｎ事件　東京地判平16.3.26）としています。

　したがって、休職期間が満了した時点で「ほどなく通常業務へ復帰できる」ほどの回復状態なら、休職期間満了による自然退職ないし解雇をしても、権利濫用として退職が否定されるでしょう。

③　私傷病休職制度の点検

　私傷病休職制度について過度に福利厚生に重点が置かれると、問題社員対応の障害となり、ひいては職場のモチベーションが落ちます。そこで、当該企業の体力、文化に調和しているかを、よくチェックしてください。もし現行制度において過度に福利厚生に重点が置かれているなら、変更する必要があります。

　モデルとなる休職規程を**書式34～36**で掲載しましたので、それを参考に、以下のポイントをチェックしてください。以下は、私傷病休職制度を念頭に置いたチェックポイントです。

ア 適用範囲の検討が甘い

① 在籍1年未満の社員を対象にしている

通常は、在籍1年以上の社員を対象とし、1年未満の者は対象外とします。

私傷病休職制度の対象者を、正社員に、しかも勤続1年以上のものに限るのは、長期雇用システムの下、福利厚生の観点から私傷病休職制度があるからです。つまり、長期雇用システムの下においては、福利厚生制度である私傷病休職制度の対象としては、勤続が1年に達しない者については除こうというのが一般的だからです。

② 有期労働者も対象にする。あるいは、契約期間を超えて休職を認める

長期雇用システムを前提とする私傷病休職制度を、それを前提としない有期労働者に適用することは自己矛盾となり、ひいては、有期はさして意味がないと評価されるリスクになります。

よって、対象外とするか、仮に対象にするとしても正社員とは異なる短期とし、かつ、契約期間が満了したときは、そこで休職期間も終了で退職とする、という設定にしておく必要があります。

＜均等均衡待遇の原則（パート法8条、9条）との関係＞

i 均等均衡待遇の原則

世間でいわれている同一労働同一賃金の原則は、「賃金」に限りませんし、「同一労働」にも限りません。すなわち、令和2（2020）年4月1日施行の改正パートタイム労働法は、短時間または有期雇用労働者を通常の労働者（いわゆる正社員）に比べ、職務内容・配置の変更の範囲が同一なのに待遇に差別的取扱いをすることを禁止し（均等待遇の原則、パート法9条）、職務内容・配置の変更の範囲が違うとしても待遇が不合理と認められる相違を設けてはいけない（均衡待遇

の原則、同法8条）としました。ただし、中小企業は1年の猶予があります。

　私傷病休職制度の適用も当然、「待遇」の1つなので、上記規制との関係を考えなくてはなりません。

ⅱ　当該企業の短時間・有期雇用労働者の戦略的位置付けから考える

　多くの企業で正社員と有期労働者とで、さすがに職務内容・配置の変更の範囲が同一ということはないとしても、その違いに照らし、私傷病休職制度の適用の有無と範囲（休暇期間の長さ等）が不合理と言われないためには、当該企業の短時間・有期雇用労働者の戦略的位置付けから考えることが重要です。合理的か否（不合理）かは、ここを起点に考えることです。

　たとえば、当該企業において有期雇用労働者は1年単位で2回更新し、3年で必ず退職となり、やってもらう仕事も誰でも1週間もすればすぐ慣れる仕事で、誰を雇用してもすぐ戦力になるような、機械的、定型的な仕事だったとします。すると、この有期労働者の戦略的位置付けは、当該企業において発生する機械的・定型的業務を正確に安定的に担ってもらう労働力という位置付けになります。仮に、体調を崩し、長期にわたって働けなくなっても代わりの労働力を補充することが容易なので、私傷病休職制度を設ける必要もない、という論理的帰結になり、よって、設けていなくても不合理ではない、との結論になります。

　他方、機械的・定型的な業務だけでなく一定の判断を求め、自身で完結する権限と責任を付与し、それは正社員10年目と同じ能力でこの判断がきちんとできるようになるには1年（有期契約期間）を超える経験と努力が必要である場合には、この有期労働者の戦略的位置付けは、事業に必要な判断業務を完結できるだけの労働力との位置付けになります。この能力を獲得するには、有期の契約期間を超え、正社員でも10年目くらいまで同じような仕事をしている人もいる、ということだと、仮に体調を崩し長期にわたって働けなくなっても代わりの労

働力は容易に補充できないわけで、そうである以上、10年目までの正社員に認めている私傷病休職制度と同水準で、ただ有期契約という契約類型に反しない限りの私傷病休職制度を設けないと不合理、ということに結び付きやすくなります。

　そうなると、当該企業のそのように位置付けられている有期労働契約が、東芝柳町工場事件型（第2章2、Ⅱ－6　A類型、契約法19条1号適用類型）であれば、正社員と同様に、契約期間を超えても休職を認める設計にしないといけない、となりやすいです。他方、日立メディコ事件型（同B類型、同法同条2号適用型）であれば、契約期間満了を限度とした休職期間に設計すべし、ということになりやすいです。ただ、この設計をすると、契約期間終了間近で休職になるのと、契約期間最初で休職になるのとで、認められる私傷病休職期間が異なることになりますが、それはあくまで有期契約という本質からくる設計の限界であり、別段、不均衡ではないという割り切りとなります。

　下記は、このようにして検討する問題です。

イ　処遇が手厚すぎる

①　有給の期間が長い

　休職期間中の処遇は、給与については原則無給とし、賞与はその支給対象期間から外し、また退職金の算定基礎から除くというのが通常の取扱いです。これは、休職期間中は当然のことながら労務の提供ができない以上、ノーワーク・ノーペイの考え方に則って、月例賃金は不発生、賞与も支給しない、退職金の算定基礎にも入れないということです。

　ただ、企業によっては、福利厚生の観点から一定の期間、たとえば休職期間の最初の1か月とか3か月とかを有給にする制度設計もありえます。それは、財務の余裕の有無によって各企業が判断するものです。

②　無給でも休職期間が長すぎる

　休職期間を勤続年数に応じて設定するのも、長期雇用システムにおける福利厚生の観点からの考えです。つまり、長期雇用システムの下においては、解雇の猶予である私傷病休職期間は、勤続年数が長い者には長い休職期間を設定し、勤続年数が短い者には短い休職期間を設定するということになります。たとえば、次のとおりです。

　　i　　勤続1年以上3年未満の者　　6か月
　　ii　　勤続3年以上5年未満の者　　1年
　　iii　　勤続5年以上の者　　　　　　1年6か月

ウ　通算規定の不存在

　休職期間満了間近にかかりつけの医師の「復職可能」との診断書を提出して復職したが、1～2か月後に病気欠勤を再開し、再度休職となるようなケースがあります。これは私傷病休職制度を悪用していることも考えられます。

　このようなケースに備え、制度上は、「○か月以内に同一または類似の傷病で欠勤するときは通算する」旨の通算規定を入れておくべきでしょう。

エ　産業医等の受診義務等の規定

　復職可能か（治癒の有無）の判断をする際、休職者はかかりつけの医師作成の治癒した旨の診断書を提出するのみで、医師選択の自由があると称して産業医の診断を受けるのを拒否し、どう見ても治癒しているか疑わしいというようなときがあります。

　この場合に備えて、休職規程に「復職においては産業医ないし産業医の推薦する医師の診断書の提出が必要である」旨の規定を入れてお

くことも考えるべきです。そして、回復状態を見極める必要があります。この見極め期間の賃金は、債務の本旨に従った労務の提供（民415条）ではないでしょうから、休職前の賃金100％を支給する義務はないと考えますが、額は当該社員と協議して決める必要があります（**書式41**参照）。

オ　制度変更は不利益変更となりうる

　休職制度の変更は労働条件の不利益変更の問題となりうるので、注意が必要です。もっとも、前記の「〇か月以内に同一または類似の傷病で欠勤するときは通算する」程度の追加であれば、それは私傷病休職制度の悪用防止、社員間の実質的公平性を図る等の目的ですから合理性は認められ、それほど問題はないでしょう。

　他方、休職期間中給与の補填をしていたのを、その休職期間を短くし補填額も減額するような、手厚い休職制度を引き下げる場合は、慎重に行わないと合理性は認められず、変更後の規定の効力が否定されかねません。ポイントは、実際に適用されている休職者には除外規定を設けることで、著しい不利益が発生しないようにすることです。

カ　私傷病休職以外の休職制度

①　起訴休職

　起訴休職とは、通常「刑事事件で起訴された者は、その事件が裁判所に係属する間は、休職とする」というものです。しかし、このような休職制度は不要です。なぜなら、起訴休職を認めるのは、逆に裁判が確定するまでは解雇しない、と言っているようなものだからです。

　刑事事件は99％以上が自白事件で起訴された公訴事実（犯罪事実）に争いはありません。裁判の確定を待つ意味はないのです。ほ

とんどの場合、逮捕・勾留（起訴前）段階で事実を確定できます。それに基づいて、解雇も含めて問題社員対応ができるようにしておく必要があります。

② 企業が必要と認めた場合の休職

休職制度の中に、「企業が必要と認めた場合、休職命令を発令できる」旨の規定を設けることは、企業が臨機応変に対応するため必要です。たとえば、私傷病休職の要件を「1か月以上連続した病気欠勤」とした場合、断続して病気欠勤している者には、休職発令はできません。しかし、それでは職場は疲弊してしまいますし、本人のためにも休んで治療したほうがよいでしょう。ところが、上記のような規定がなければ休職発令はできないのです。

休職の一般的事由である「会社が業務上必要と認めたときに休職とする」旨の規定は、運用上柔軟な対応が可能となりますので、ぜひ入れておく必要があります。

ただ、この一般的事由は、運用上はどのような場合でも該当しそうになり、社員から見ると予見困難となるので、慎重に運用する必要があります。

第 3 章

問題社員への対応実務と具体的方法

はじめに

　社員が100名いれば、問題社員は1、2名は必ずいます。その場合、問題があることを認識しながら何も対応しなければ、他の社員は、「会社はあんな問題のある社員に何もしないのか。同じ給料で自分が真面目にやるのは馬鹿らしい」と思い、やる気をなくすでしょう。そうはいっても、正直どう対応したらよいかよくわからない、というのが実態ではないかと推察します。

　筆者は常々、良い組織（企業）とは、適度な緊張感を持った前向きな雰囲気のある組織であると思っています。問題社員を放置することは、前向きで適度な緊張感をなくさせ、組織を壊しかねません。

　したがって、問題社員の問題行動が許容範囲を超えたときは、毅然と対応する必要があります。

　筆者が多く見かけるのは、問題社員の問題行動に我慢に我慢を重ね、注意書も警告書もまったく発することなく、また誓約書・始末書も提出させることなく、我慢の限界まできていきなり解雇してしまうというケースです。注意書や警告書を発したり、誓約書・始末書を提出させたりすると、職場の雰囲気が悪くなり躊躇するのです。

　たしかに、多少の問題行動に対し、注意書や警告書を発したり、誓約書・始末書を提出させることは、職場が萎縮することもあるので、かえって「前向きで適度な緊張感」にプラスではないでしょう。その程度なら、口頭でもよいかもしれません。ただ、口頭で注意したことは、その相手が将来問題社員になりそうと思うとき等、場合によっては上司への業務報告書の形で証拠化しておいてください（**書式2**）。

そして、一定の許容限度を超えたら、スイッチをオンにして、毅然と対応してください。その後の対応では、1～2回は注意書を発して改善状態を見極める必要があるため、2～3か月の期間は費やされなければならないので、決して我慢に我慢を重ねてはいけません。

何もしないで限界まで我慢してしまうと、その先の注意書を発する等の労務管理ができなくなります。

対応の仕方としては、第2章で解説した方法を使いますが、同章で解説したとおり、労働法で一定の規制がされていますので、それもふまえて、問題社員を類型化し、それぞれ対応を考えます。

1

類型化とその意味

　労働者は、債務の本旨に従った労務の提供をする他、企業に対し、企業の名誉・信用を傷つけない義務、企業が設定したルールを遵守する義務、守秘義務、競業避止義務（いずれも在職中の付随的義務）等の義務を負っています。

　よって、それらの義務に違反するような問題社員には、きちんとした対応をする必要があります。

　さらには、上記義務違反という債務不履行（民415条）だけではなく、企業等に不法行為（民709条）を行うような問題社員にも、きちんとした対応が必要です。

　これらの問題行動は類型が可能であり、かつ各類型によって対応が異なります。問題社員対応の本質は、社員の労働債務（義務）の不完全履行等に関する企業の催告（注意・指導）とその後の契約解除（解雇）です。不完全履行等の態様が、労働の量（勤怠）であったり質（労働能力、協調性）であったり、付随的義務（企業ルール遵守義務、セクハラ・パワハラ等しない義務、私生活上も企業の名誉・信用を棄損しない配慮義務等）の不履行であったりです。そして、それぞれで労働関係という継続的な契約関係（こういう契約関係は、他に賃貸借等があります）の基礎となる信頼関係を破壊するだけのレベルまでいっているかが問われる（労働法では各種権利濫用法理で、契約法3条5項、同法14〜16条等）、ということです。つまり、問題社員対応は、民法（債権総論の債務不履行）の延長ないし応用であり、特別なことではないのです。ただ、不完全履行ないし付随的義務違反は類型

化することで、分析に基づく対応が可能となり安定的な問題社員対応（催告の要否、やり方、信頼関係破壊の程度の計り方）になります。

　その類型とは、次のようなものです。

Ⅲ－1　問題社員の類型化

- 勤怠不良型
- 労働能力欠如型
- 協調性欠如型
- 企業ルール違反行動型
- セクハラ・パワハラ型
- 企業制度濫用型
- メンタル社員型
- 私生活上の問題行動型

　以下、類型ごとに対応の仕方を解説します。

勤怠不良型

〈設例1〉

　A社には、勤怠不良の社員Lがいます。Lは遅刻が多く、また欠勤も連続ではないものの毎月2～3日は必ずしていました。

　そこでA社は、日常業務においてLを戦力としてはとても期待できないと判断し、新しく真面目な人をLの代わりに採用したいと考えています。

1　問　題　度

　勤怠不良型は、労働者の最も基本である遅刻しない、欠勤しない、ということができていないので、問題度は高いといえます。

　この問題社員を放置しておくと、他の社員も真面目に働くのが馬鹿らしくなって、勤怠不良になる者が増えてしまい、職場のモラルがどんどん落ちてしまいます。

2　労務管理の目標

　改善を促して、その結果をみます。改善の見込みがなければ、退職届の提出、合意退職、解雇といった、形はどうであれ退職してもらうべきです。

　すなわち、第一に勤怠不良を改善させる、第二に改善の見込みがなければ退職させる、という目標になります。

③ 対応の仕方

　具体的な対応の仕方は、一言でいうと、注意を形にして改善の見込みを見極め、見込みがなければ退職してもらう、ということです。読者の皆さんは、遅刻や欠勤をしてはならないことは大人なら当然わかることであり、なぜ注意等をする必要があるのかと思うでしょう。しかし、遅刻や欠勤が悪いことだとわかっていても、直ちに退職に結びつかない労働者が多くいるのです。そういう者には、形のある注意、さらには警告をして改善を促したうえで、それでもなお遅刻・欠勤する場合に退職させます。

　以下、絶対やってはいけないことをまず説明し、その後にどうやるべきかを解説します。

ア　やってはいけないこと

　いきなり解雇することは、問題です。そのようなことをすると、解雇権の濫用で解雇が無効となり（契約法16条）、問題社員に解雇日以降の賃金を支払ったうえで（民536条2項）、復職させなければならなくなります。

　そのような事態になったら、他の社員は納得せず、職場のモラルは低下し、モチベーションは保てません。

イ　やるべきことの原則型

　改善の見込みを見極めて、見込みがなければ退職してもらう、という段階を踏む必要があるので、まず、その勤怠不良者に対して、明確に注意します（**書式3**）。

　いきなり文書で注意することには躊躇を覚えるというなら、口頭で注意してください。ただし、口頭での注意は証拠に残らないので、証

拠化する必要があります。問題社員の直接の上司である注意者がその上司宛に、注意したことをごく簡単な業務報告書にして残すのです（**書式2**）。ただ、その口頭の注意を他の社員の見ている前で行うと、後々パワハラと反論される余地を残すので、他の社員のいない会議室等で行うのがよいでしょう。もっとも、密室で1対1の注意では何が起きるかわからないので、係長等の一定のリーダー職を同席させて2対1で注意を行い、同席者には業務報告書の原案作成を担当させるとよいでしょう。

　文書による注意の後1〜2週間みても改善されなかった場合は、再度、注意します（**書式4**）。

　それでも改善されないときは、解雇（**書式10**）するのです。

　この変形として、注意の際あるいは解雇通知の直前に、退職勧奨をすることも考えてよいです。問題社員がこれに応じれば、合意退職となります（**書式8、9、18**）。

　ここで、勤怠不良とは欠勤や遅刻等が多いことですが、これと年次有給休暇（年休）とを整理する必要があります。年次有給休暇の取得後は休暇中の自由利用が保証されているので、病気等を理由に取得しても勤怠不良にはなりません。他方、欠勤後に欠勤日を年休に事後に振り替えることが実務上よくされています。これは、年次有給休暇の取得ではありません。すなわち、年休の取得は事前の年休申請（年休日の時季指定）によって労働日が休暇取得日に変わるわけであり、それをしないで欠勤すれば、労働日の義務の不履行＝欠勤が客観的に確定してしまっており、確定したこの日を事後に年休にすることはできないのです。とはいえ、筆者は、企業が事後振替すること自体を否定することはしません。誰だって年に1〜2回体調が悪く欠勤することはあり、それを事後、福利厚生の観点から年休に振り替える便宜は認めてもよいと思うからです。ただあくまで年休の事後振替は、福利厚生等の視点から年休取得にしてあげる、という救済である点に本質があります。どの日が事後振替かを記録していないと、正当な年休取得

と区別がつかなくなります。勤怠不良型の問題社員は、この年休の事後振替を濫用することが多いので、しっかり記録に残し、年休取得となっている日のどの日が事後振替かを、はっきりしておく必要があるのです。

Ⅲ－2　勤怠不良型フローチャート

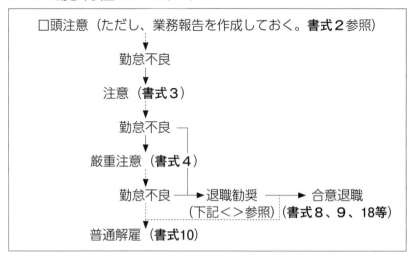

口頭注意（ただし、業務報告を作成しておく。**書式2**参照）

↓

勤怠不良

↓

注意（**書式3**）

↓

勤怠不良

↓

厳重注意（**書式4**）

↓

勤怠不良 → 退職勧奨 → 合意退職
（下記＜＞参照）**（書式8、9、18等）**

↓

普通解雇（**書式10**）

＜退職勧奨の具体的なやり方＞

　ここで、問題社員への退職勧奨を後から退職強要と反論されず、かつ合意退職成立の確率を高める工夫を述べます。

　合意退職は、文字どおり、労使の合意により成立するので、問題社員の同意を引き出す必要があります。しかし、問題社員は、自分が退職させられるほど問題があるとは思っていないことが多く（だからこそ問題社員のままであった）、いきなり「退職しろ」と勧奨しても、「はい、わかりました」と率直に応じません。そこで、退職勧奨にあたっては、問題社員に対し、遅刻、欠勤が多い等それまでの問題行動がどれだけ会社に悪影響を及ぼしたかを説明し、かつそれゆえ注意してきたこと、それなのに改善されなかったことを指摘して、退職を促

すのです。

　たとえば、「Ｌ君、君が週に２～３回遅刻し、１～２週間に１～２日突然欠勤したことで、君と一緒に仕事をする仲間がどれだけ困ったか、仲間の立場になって考えたことがあるか。係長は、Ｌ君が今日も遅刻するのでは、あるいは欠勤するのではと思い、重要な仕事をＬ君に分担できなくなる。そうなると、重要な仕事は仲間に集中する。重要な仕事は、多くの場合、責任が重い。君より真面目に働く仲間は、真面目に働くゆえ、遅刻や欠勤の多い君より、皮肉にも責任の重い仕事をさせられることになる。そうなったとき、仲間は、君と大して違わない給料なのにどういうことか、と思う。そして、そういう思いを持ちながら毎日働くことになる。こういう仲間の気持ちがわかるか」というように説明するのです。そして、「だから会社では、Ｌ君にこれまで注意してきた。初めは口頭で、○月○日にしたね。覚えているだろう。君は改善すると誓ったね。会社はそれを信じた。ところが、１か月もしないうちに元に戻ってしまった。それゆえ、会社では、今度は文書で注意したね。この文書（書式３）だ。中は読んでいるよね。これに対しても、君は申し訳ない、改善すると誓ったね。それなのにまた、１か月もしないうちに元に戻ってしまった」と注意が繰り返されたことを復習させます。この際、Ｌ君の目を見て、Ｌ君が記憶をたどるスピードに合わせるようにします。

　そして、「これだけ注意をしたのに、君は改善できず、職場の同僚や上司の君への信頼を大きく傷つけてしまった。この会社で君には仕事を任せることはできない。退職してもらえないか」と退職勧奨に結びつけます。

　Ｌ君は、ここまで説得され、指摘されると、さすがに理解せざるをえない状態になりますが、ただ、いきなり退職となっては収入がゼロになって生活に困る、背に腹はかえられない、と退職に応じない（正確には、応じられない）ことがあります。その場合に備えて、たとえば１か月程度は余裕を持った退職日を設定し、その間は有給とし、ま

た、退職勧奨による退職なので、雇用保険についても最短の待期期間で給付が開始されるよう便宜を図ることを、あらかじめ検討しておきます。

　L君が「会社、同僚らに迷惑をかけたのはよく理解できたが、私の給料は安く、貯金などない。いきなり退職となっては、生活ができない」と退職に難色を示したら、上記の検討に則って、「**そうか。たしかにL君の状況はわかった。ただ君のこの勤怠状況からいうと、会社にそれを理解し便宜を図ってくれといっても、経営陣、人事責任者はうんとは言わない。もっとも私は、原因はどうであれ、L君の困っている状況は理解できる。では、退職日は今すぐというのではなく、1か月後の来月○日までとし、その間2〜3日は引継ぎで来社してもらうが、基本的には勤務は免除し、退職日までこれまでどおり給料を支払う。いわば、有給の再就職活動期間として使えるようにしよう。そして、離職票は勧奨退職として（事実もそうなので）、雇用保険において待期期間が最短となるようにしよう。したがって、退職日まで万一、再就職先が見つからなくても、当面は心配のないようにしよう。それでどうか**」という説得をします。

　つまり、問題社員への退職勧奨においては、問題性についてその社員の理解力、目線に合わせて説明するとともに、注意してきたことを証拠を示して再確認させることで、「もはや会社には残れない」と認識させて、退職を促すのです。その場合も、今日すぐやめろ、というのではなく、問題社員の当面（最低限）の生活への配慮をします。

　企業があまりむきになって勧奨すると、問題社員は「窮鼠猫を嚙む」状態となります。要するに、追い込みながらも、逃げ道（引き際）を確保してあげるのです。

　なぜ筆者が退職勧奨による合意退職について長々と言い方や順序を説明するかというと、合意退職は、解雇に比べて争われるリスクは格段に低いので、合意退職の可能性があるのならやる価値があるからです。もっと言うと、解雇する前に必ず上記のような説明と指摘をした

うえで退職勧奨し合意退職をめざし、それでもダメなときにようやく解雇、というプロセスをお勧めします。

　合意退職が成立したときは、必ず退職合意書（**書式8**）または退職同意書（**書式9**）をとります（正式なものとして、**書式18、45、46**）。

ウ　バリエーション対応

　以下では、原則型を前提にしながら、バリエーションに応じた具体的対応を考えます。

①　遅刻が多いがわずかな時間のとき

　たとえば、ほぼ毎日のように遅刻するもののその時間は各日3分とか5分とかであり、ただ朝の会議や朝礼には遅れるため他の社員への影響が懸念される、というケースを想定してみてください。

　まず、当該遅刻の重大性を分析します。

　たとえば、飛行機、鉄道、バスの運転手や、チームを組んでの営業など遅刻が重大な問題となる場合には、当該社員にそれをわからしめて改善を促し（**書式6**）、それに対し改善をしないときは退職勧奨し、これに応じなければ解雇する、ということになります。これについても、いきなり注意書を交付するのが躊躇されるときは、イの原則型と同様、口頭で注意しつつ、その内容を業務報告書（**書式2**）にして証拠化しておいてください。

　他方、上記のようなことがなく、重大でないのであれば、原則に戻って、何度か注意して、退職勧奨し、応じなければ解雇することになります。

②　裁量労働制で勤怠不良のとき

　労基法は、一定の専門業務につき（専門業務型）、あるいは一定の要件を充足した企画業務につき（企画業務型）、裁量労働制を認

めます（38条の3、38条の4）。

　裁量労働制は、実際の労働時間数に関係なく労使協定（専門業務型）、労使委員会の決議（企画業務型）で定めた時間数労働したものと「みなす」制度であり、一方で、労働時間の使い方について上司（企業）は当該社員に文句を言えません。

　したがって、裁量労働制の適用となる社員が、毎日昼頃出てきて午後3時頃帰るということを繰り返しても、それ自体をとがめることはできません。

　ただ、このような時間の使い方をしていれば、通常、成果物が何か月経ってもまったく出てこない、あるいは出てきても内容が極めて乏しいという場合がほとんどです。

　この場合の企業の対応は、次のようになります。

　A　当該社員を裁量労働制の適用対象から外し、通常の労働時間を適用する

　B　当該社員に時間の使い方を確認して注意し、併せて成果不良を注意する（書式7）

　この**A**の対応は、就業規則上の根拠がなくてもできます。なぜなら、労働時間の法的規制の原則は、週40時間以内、1日8時間以内（労基法32条）であり、裁量労働制（同法38条の3、38条の4）は、その修正ないし例外として労働時間規制を弾力化する制度である関係上、**A**の対応は、本来（原則）の労働時間（週40時間以内、1日8時間以内）に戻るだけだからです。労働は、労働者にとって義務なので、権利者である使用者が設計（規定）したその義務の枠組みの中で労働する義務があるのです。労働者には、どの労働時間制（枠組）を自分に適用されるべき、という権利があるものではありません。とはいえ、誤解していろいろ主張してくる問題社員がいることを考え、就業規則の裁量労働制の規定の箇所に「ただし、会社は、必要に応じて当該適用を将来に向けて取り消すことがある。」と付け加えておくと、よりクリアーです。

そして、**A**の対応後、原則に戻った労働時間の枠組みの中で**B**の対応をするわけですが、その中で**B**の注意をしても改善しないときは、退職勧奨し、これに応じなければ解雇します。

Ⅲ－3　勤怠不良型で解雇する際の整理

> ┌　原則（通常）の労働時間の枠組（変形労働時間制を含む）での勤怠不良型
> 　　　→　**Ⅲ－2**で対応
> 　　　　　なお、①遅刻が多いがわずかな時間の場合は、当該遅刻の重大性を分析し、指摘する。
>
> └　上記以外
> 　②裁量労働制
> 　　→当該社員への適用を取り消し、原則の労働時間の枠組を適用したうえで、**Ⅲ－2**で対応
> 　③フレックスタイム制
> 　　→②と同様の対応
> 　④高度専門職・幹部社員
> 　　→勤怠不良型ではなく、労働能力欠如型と整理。その上で降格も選択の1つ
> 　⑤試用期間中の勤怠不良型
> 　　→試用期間中に決着すべし。その適用する枠組みは**Ⅲ－2**で対応

③　フレックスタイム制適用社員のとき

　フレックスタイム制そのものが始業、終業を労働者の裁量に委ねるものなので、企業が始業、終業の時刻を決めて命ずることはできません。

　よって、フレックスタイム制適用社員における勤怠不良とは、コアタイムにも勤務がない場合、あるいは清算期間における総労働時間数が不足する場合だけです。

　ただ、企業が当該フレックスタイム制適用社員の働きぶりに不満

を持つときとは、出退勤時刻についてではなく、成果がないことについてであると思われます。したがって、この場合も、当該社員をフレックスタイム制の適用対象から外して通常の労働時間を適用し、その中で改善を促すのがよいでしょう。

このフレックスタイム制の適用を取り消すことも、②裁量労働制の適用取消しと同様の考え方です。これも当然できるのですが、よりクリアーにするために、フレックスタイム制の規定の箇所に「ただし、会社は、必要に応じて当該適用を将来に向けて取り消すことがある。」と会社の裁量で取り消せることを、明記しておくのです。

④ 高度専門職・幹部社員のとき

高度専門職・幹部社員に位置付けている社員には、勤怠管理の裁量を委ねているはずです。

したがって、遅刻・欠勤を注意したり、それを理由にして退職させたりすることはできません。

むしろ、遅刻・欠勤の結果、高度専門職の場合には成果が出ていない、あるいは幹部社員の場合には部下・部署の管理ができていない、といったことになるのであれば、この点を捉えて注意し、改善されなければ降格または退職させることになります。つまり、②と同様の労務管理をし、**3．労働能力欠如型**と整理すべきということです。

⑤ 試用期間中（新卒、中途採用共通）のとき

試用期間中の勤怠不良は、試用期間中に決着つけるべきです。なぜなら、試用期間中は、通常の解雇権よりも広い解雇権（留保解約権）があるからです（三菱樹脂事件　最大判昭48.12.12、詳細は第2章4参照）。勤怠不良にもかかわらず、試用期間を経過して本採用してしまえば、退職させにくくなります。

紛争になって裁判所等で審議されても、裁判所等から、また場合

によっては労働者側から、「試用期間中に勤怠不良があったならなぜその時点で解雇しなかったのか。試用期間中の勤怠不良ですら解雇しなかったのだから、本採用後はそれを上回る程度の勤怠不良がなければ、解雇権の行使は相当性を欠く」と主張されるのです。

このような悔しい反論がされないためにも、試用期間中に決着をつけるべきです。具体的には、口頭で注意し、それで改善しなければ、1〜2週間後に注意書（**書式5**）を出します。それでも改善しなければ、試用期間満了前に解雇権（留保解約権）を行使（**書式11**）します。

なお、試用期間を設けていない会社がありますが、ぜひ設けるべきです（第2章4参照）。

エ 設例1への対応

遅刻や欠勤の理由が病気とかケガではないなら、Ⅲ−2のフローチャートに沿って進めればよいです。各勤怠不良→注意のサイクルで3週間程度、対応全体（合意退職または普通解雇の退職まで）で3か月位のスケジュール感でしょうか。

3

労働能力欠如型

〈設例2〉

　B社には、勤務態度は真面目で無遅刻・無欠勤ですが、とにかく仕事が遅く、他の社員より2倍以上時間がかかる社員Mがいました。Mは所定労働時間（9時〜18時、うち12時〜13時休憩）内には担当する仕事が終わらないため、多くの残業をしました。その結果、Mは他の社員の70％の仕事しかこなしていないのに、逆に給料は1.5倍にもなっていました。

　そこでB社は、Mに1か月の猶予を与え、その間勤務せず他に職を探してもらって退職してもらいたいと考えています。

---

1 問 題 度

ア　問 題 度

　労働能力欠如型は、労働の質の不足であり、これもそのまま放置するのは絶対にいけません。ただ、労働の質不足を理由に退職させるのは、一般的には困難です。

イ　対応の困難さ

　労働能力欠如型への対応が、一般的には困難とされる理由は、主に2つあります。

　1つめは、そもそも企業が当然社員に求める労働能力というものが

はっきりしないという点です。職種限定（特定）で雇用する（外資系企業に多い）際には、入社時や異動時に職務記述書を交付し、企業が当該社員に何を求めるのかを明確にします。しかし、多くの企業は、そこまでやっていません。

筆者はよく「退職させたいが、解雇は可能か」という相談を受けますが、その際、「労働能力欠如というが、どういう労働能力を求めたのか」と尋ねると、クリアーな回答がないことが多々あります。

そもそも労使間で、労働契約の目的、つまり企業が労働者に求める労働能力はどういう内容・水準で、どういう成果を出すものなのかがはっきりせず、それで双方の思い違いからミスマッチが生じ、紛争になるのです。

この問題への対応としては、企業が当然社員に求める労働能力について、改めて紙に明確に書いて労働者に交付するということが必要です。

2つめは、労働能力の欠如を立証することをまったく想定せず、きちんと労務管理をしていないという点です。**勤怠不良型**の場合、使用者は労働者の労働時間につき管理する義務があるので、タイムカード等で日常的にその管理をする結果、いわば自動的に勤怠不良のときにはその証拠は積み上がります。しかし、**労働能力欠如型**では、そのような前提がないので、意図的にこれをしないと、証拠は積み上がらないのです。そして、労働能力が欠如していることに労働者が納得しなければ退職させられず、解雇を強行すれば法的紛争になります。その場合、企業のほうで当然、労働能力の欠如を立証する必要があります。

ところが、設例のように、Mが他の社員より仕事が2倍以上遅いことを立証しなければならないのに、証拠が何も残っていないことが、実際に多くあります。あわてて上司や同僚の陳述書を作成・提出して何とか立証しようとしても、それらは後から作った文書であっていくらでも書きようがあるので、裁判所は認定に慎重になり、結局、退職

前提の解決は図れても、企業は多額の和解金を用意しなければならなくなるのです。

　退職勧奨や解雇に至るまでに、せめて注意書を交付したり誓約書を提出させることが複数回ないと、立証に苦労します。

② 労務管理の目標

　このケースでは、仕事が遅い結果、労働時間が増え賃金が増えるという点で、他の社員と比較したときの不公平感があります。この点はぜひとも解消すべきです。もっとも、この場合でも職種特定（限定）の雇用とそうではない（職種特定（限定）なし）の雇用とでは、対応の仕方に違いがありますので注意してください。具体的には、③で説明します。

　この解消に向けての対応を具体化・段階化すると、次のとおりです。

　第1に、当該問題社員に対し、長時間残業させることを認めてはならず、むしろ禁止すべきです。

　第2に、当該問題社員に対し、仕事の遅さを改善する努力をするよう促すべきです。このためには、3か月とか6か月とか、期間を区切った改善指導を実施し、その間1〜2週間に一度チェックして、その結果をフィードバックして自覚させる必要があります。ただし、この期間があまりに長いと上司が疲弊しますので、注意が必要です。

　第3に、第2の当該問題社員の改善努力でも許容範囲に達成しなければ、当該問題社員に対し、退職勧奨、解雇等で退職させるべきです。

　第4に、第3で解雇まで決断がつかなければ、職務を簡易なものに変更し、待遇もそれに見合うものとすべきです。降格命令でそれが達成できればそれを行い、降格命令では達成できなければ個別の同意を得て変更すべきです。

③ 対応の仕方

　労働の質が不良で改善の見込みがなければ、最終目標は退職（解雇）となりますが、なかなかその点の立証は困難です。それまで雇用してきた責任も問われるため、たとえば、設例2のケースで解雇しても、解雇権の濫用となる可能性が極めて高いです。よって、設例1での対応よりも慎重なアクションプランを考える必要があります。

Ⅲ－4　労働能力欠如型で解雇する場合の整理

- 新卒者　　…労働能力欠如型での退職は、原則、難しい、例外、基礎的能力すら欠如していれば可能。なお、新卒者は、通常、職種の特定はない。

- 中途採用者…即戦力として期待しての採用、よって、原則、可能

  - 職種特定（限定）契約…当該職種で能力の欠如を判断

  - 職種限定なし(非限定)…(問題となっている) 当該職種の能力の欠如＋他の職種での能力欠如も判断。あるいは、どの職種でも共通する基礎的能力欠如

ア　やってはいけないこと

　勤怠不良型と同様、いきなり解雇するのはダメです。労働の質の不良を立証することは通常は困難なので、何の準備もしていないのにいきなり解雇しては、紛争になったときにどうにもならなくなります。その結果、解雇が無効となるか、または解雇を撤回せざるを得なくなり、職場の他の社員の企業への信頼、企業の権威が傷つけられることになります。

イ　原則として対応すべきこと

前記1で解説したとおり、この型では、次の2つが何よりも大事です。

A　当該社員に求める労働能力をクリアーにすること

B　当該社員が求める労働能力（A）に未達であることをクリアーにすること

筆者は、個別ケースで、次の分析をします。すなわち、下表のように、左側にA．当該社員に求める労働能力、それに伴う指示・命令を、右側にB．当該社員がそれ（A）に未達であって、企業からの指示・命令に対応できなかったことを、時系列でその状況について記載し、対照一覧表を作成します。

Ⅲ－5　労働能力欠如の対照一覧表の例

A．やるべきこと（会社が営業部長として△氏に期待している事項）	B．△氏が実際にやっていたこと
（例） 1．顧客対応 　・重要な顧客へのあいさつ・新製品の売込み努力 　　　　⋮ 2．部下のマネジメント 　　　　⋮	

　すると、当該社員に求める労働能力の内容・水準、およびそれに伴う指示・命令（Ⅲ－5のA欄）に、当該社員がどれだけ未達で、しかも時間的猶予を与えられても改善の見込みがないか（Ⅲ－5のB欄）

が、一目瞭然にわかるのです。

　これを具体的に裁判例で示します。裁判所は意識しているか否か不明ですが、少なくとも裁判官の思考回路は、まさに前ページ対照一覧表を頭の中に描き、「Ａ．会社の期待・指示」に対して「Ｂ．本人の対応」が未達で、かつ見込みなし（本人の意欲なし、そもそも気づかない等）のとき、解雇を有効としています。

　そして、改善を求める際の過程では、非生産的な残業は認めるべきではないので、所定労働時間内に他の社員と同じ水準の仕事ができるようになることを目標とさせ（**書式12**）、毎週（または２週間ごとに）チェックし（**書式13**）、達しなければ本人に確認させます。よくできる社員の賃金と逆転現象が起きるのを回避し、かつ本人に自覚を促すのです。

　もっとも、ここで注意すべきは、労働契約が、外資系企業に典型的に見られる職種特定（限定）契約か、日系企業の長期雇用に典型的にみられる職種非特定（非限定）契約かによって、求める労働能力の内容が異なり、それゆえ改善の見込みの基準と判断も異なってくる、ということです。

　たとえば、経理の専門家としての職種特定（限定）で雇用したときは、経理の専門家としての労働能力が求められ、それがあるかだけが判断のポイントになります。ところが、長期雇用を前提とした新卒採用の雇用においては、経理もやり、営業もやり、総務もやり、と同一企業内でキャリアを積んで幹部社員になる設計をしているので、経理の労働能力だけが求められるわけではありません。よって、経理の労働能力があるか否かだけで、労働能力欠如とは判断できないのです（経理がダメだが営業はよくできる、ということもあるのです）。

　ただ、職種非特定（非限定）契約においても、どの職種にも共通に必要な能力を欠如していれば、能力欠如といえます。たとえば、いわゆる報連相（報告、連絡、相談）ができないとか、日本語の文章がまともに書けない、ちゃんとした説明ができない、とかです。こういっ

た能力の欠如は、配転させて、たとえば経理→営業に異動させて改め
てチャンスを付与する必要もないと考えます。また、やはり職種非特
定（非限定）契約においても、確かに職種の限定がなくても、当該企
業にあるすべての職種に配転してチャンスを付与する必要があるとい
うのは、極端です。主な２つ３つの職種（たとえば、経理、営業、人
事または法務といった）に従事させて、それぞれの職種に求められる
労働能力が欠如していれば、退職の方向に持っていってよいと思いま
す。

　裁判例でよく問題となるケースは、中途採用で職種特定（限定）の
ケースです。これは、企業もその企業内に人材がいないので、育てる
より高い待遇でこのニーズを満たすべく外から入れた（採用した）の
に期待に反した。そこで、解雇せざるを得なくなり、それが労働紛争
になったというものです。

　そこで、以下、労働能力欠如型を職種特定（限定）契約と職種非特
定（非限定）契約の２つに分けて、企業がどう対応すべきかを解説し
ます。

ア）職務を限定（特定）した雇用の場合

　職務（職種）を限定（特定）して雇用した場合の労働能力の欠如
は、その限定（特定）された職務（職種）を基準に判断することにな
ります。

　フォード自動車事件、持田製薬事件の２例をあげて、具体的に解説
します。

Ⅲ－6－1　フォード自動車事件（東京高判昭59.3.30）

・昭51.10.15 人事本部長として雇用（月額753,400円）～昭52.4.20解任
・人事部長在任中の経緯

A．会社の期待・指示	B．本人の対応
・　会社（フォード自動車、以下同）には、社長の下、工場長・財務本部長・営業本部長・人事本部長の4つの最上級管理職が配置されていた。 ・　原告は、昭51.10.15から前任者の指導・監督の下で人事本部長としての執務を始めたが、前任者は原告に初めは何も担当させず、全時間を会社の政策・やり方等に関する文書を読んで理解する等させた。 ・　昭52.1.5前任者は原告の第1回勤務評定をし、その結果原告に、人事部門に関心を集中すること、文書の起案は部下に任せるのではなく、自分自身で行ってほしい旨（部下の執務量が過多となるし、原告の教育・訓練も兼ねる趣旨）指導した。 ・　同1.18前任者は原告に対し、人事の分野に注意・努力を集中すべきこと、課せられた事務は自ら処理して能力を実証すべきこと、連絡文書は自ら起案作成	・　原告は、前職日本IBM（会社よりはるかに多数の従業員を擁する）の人事部長と同じ執務態度（自ら職務遂行しない）で会社の事務を処理することが多かった。そこで会社から改善するよう指示を受けたが、改善しようと努力しなかった。 ・　左の指導後も、原告は職務態度に変化がみられなかった。

すべきこと等を重ねて厳しく指摘した。

- 同1.25前任者は、原告の第2回勤務評定をしたが、原告が人事本部長の職務とそれに関連する会社の方針・手続等を理解できていないのではないかと不安を抱いた。同時に前任者は原告に対し、人事本部長としての職務に適応する訓練ならびに従業員およびその職務について認識を深め、組織の再編成の役に立つと考え、55の給与職（事務職）についてジョブ・オーディットを行うように命じた。
- 同2.6〜同2.24までの間、原告はオーストラリアにあるフォード・アジア太平洋地域本部（ファスパック）において、人事本部長としての職務に慣熟するために研修を受けた。
- 同3月社長が原告にジョブ・オーディットの進行状況を尋ねた。
- 同4.1再度社長から問合せがある。

- ところが原告は、人事本部の常務に関する事柄には関心を示さず、研修の成果はあまりあがらなかった、との評価を受けた。

- 原告は同3.31までに面談を大部分完了し、翌4.25までに全調査を完了する旨報告した。

- 原告はこの仕事の完成を組織の再編成または体制整備の後1か月から2か月先に延ばすと報告した。
- 同4月、原告は工員の人員整理を適正人数よりも多く行った

	と判断し、月給制の職員であるガードマン（守衛）5名を工場部門に配置換えした。上記の配置換えは、財政上の理由からフォード・アジア太平洋地域本部の事前の承認が必要だったが、原告は部下の助言に従うことなく、同本部（ファスパック）の承認を得る前に異動を完了してしまった。上記配置換えは、結局同月15日付で不承認となった。
・　同4.20会社は原告に対し、人事本部長を解任する旨告知	

　以上の事実関係において、裁判所（高裁は、地裁の判断を支持）は、「人事本部長という職務上の地位を特定した雇用契約であって、原告に特段の存在を期待して中途採用したという本件契約の特殊性に鑑み、……原告の執務状況を検討すると、特に（イ）機会あるごとに、自己に課せられた仕事を部下に委譲する形ではなく、自ら仕事を担当する（ディレクターという形ではなく、被告会社のいうワーキング・マネージャーとして）という方法で執務することを期待されていたにもかかわらず、執務開始後約6か月になってもそれが改善されなかったこと、（ロ）ジョブ・オーディットの目的の一つが、人員整理の際の余剰人員を見つけることにあることを認識しながら、人員整理の完了した後である昭和52年4月20日までに、55の職のうち5人に面接したのみで、原告に要求されていた職務を著しく怠っていたこと、とりわけ、同年3月にラムゼイ社長に対し同月末日までに面接を完了

する予定であると報告しながら、全くそれを行わなかったこと、(ハ)被告会社の執務方法に習熟する機会を与えられながら、かつ、被告会社においては社長の決裁だけでなくファスパックの承認が必要である事項が留保されていることを認識し、さらに、部下の助言を無視して規則違反を行った等の原告の執務態度は、被告会社の期待した人事本部長としては規則(ト)にいう『業務の履行又は能率が極めて悪く、引き続き勤務が不適当と認められる場合』に該当し、ひいては、規則(リ)にいう『雇用を終結しなければならないやむを得ない業務上の事情がある場合』にも該当する、と解するのが相当である」と判示して、解雇を有効としました。

Ⅲ－6－2　持田製薬事件（東京地判昭62.8.24）

・昭60.5.1　マーケティング部長として雇用（月額517,000円、ただし、賞与等を合計すると1,000万円を超え、会社の従業員中上位2％に入る金額）～昭61.2.28解雇
・在職中の経緯

A．会社の期待・指示	B．本人の対応
・　持田製薬株式会社(以下、会社)は、昭50から薬価の改定、医療費負担の見直しにより製薬各社がマーケットが拡大しないのにシェアの拡大を求める熾烈な競争に突入している状況下、一般大衆を消費者とする薬粧品の販売戦略、販売方法等について、従来のやり方では、マーケティングに関し欠けるところがあると認識していた（他方、会社は、医師を相手とする医薬品の販売	

には、相当な経験を有していた)。

・　そこで債権者を、西武百貨店で大衆が消費者である商品についてマーケティングを実践した経験を生かしてもらうべく雇用し、販売戦略、販売方法等につき、実行性のある具体的な提案(営業部門のために「利益確保」「売上げ増強」「シェア拡大」)を期待した。

・　ところが債権者は、会社の雇用の目的が明確なのに(それを理解しておらず)、販売方法の改善策(マーケティングの実践)は枝葉末節に過ぎず、(前近代的な)社風の体質改善が重要と考えた。その結果、債権者の提案も会社の意図に沿ったものではなかった。このことは、昭60.8.19常務会で債権者が説明したマーケティング部の基本方針を説明した際のレジュメからもうかがうことができ(極めて一般的抽象的内容)、昭60.11下旬自己評価表(昭60上期分)にも債権者は、自ら対象期間総合評価をAとしていて、的外れな記入をしている。

・　昭60.12.10人事部長から債権者に、マーケティングは理論だけでなく実践活動に重きを置くことが重要と指摘し、是正を強く要望した。

・　昭60.12.16人事部長は社内の債権者に対する批判的見解を念を押して強調しようと面談した。

・　ところが、債権者は近く行われる参議員選挙でサラリーマン新党から社員のまま立候補できるか、政治資金として会社から2,000万円寄付してもらえない

	か、立候補のための活動期間中、休職扱いにできないかの質問をした。
・　昭60.12.24人事部長は、右質問に対していずれも断った。	
	・　昭61.2.18会社には事前の連絡もなく、債権者がサラリーマン新党の比例区候補予定者名の中にある旨の新聞発表がされた。
・　昭61.2.28社内の債権者への批判が吹き出し、会社は債権者を解雇した。	

　以上の事実関係において、前掲東京地裁は、「債権者は、マーケティング部部長という職務上の地位を特定し、その地位に相応した能力を発揮することを期待されて、債務者と雇用契約を締結したこと明らかであるが、債権者が、人材の斡旋を業とする株式会社リクルートの紹介によって採用されていること、及びその待遇に鑑みると、それは、単に、期待に止まるものではなく、契約の内容となっていたと解せられ、この見地から、……債権者の勤務態度を検討すると、債権者は、営業部門に実施させるためのマーケティング・プランを策定すること、そのなかでも、特に薬粧品の販売方法等に具体的な提言をすることを、期待されていたにも係わらず、執務開始後7ヶ月になっても、そのような提言を全く行っていないし、そのための努力をした形跡もないのは、マーケティング部を設立した債務者の期待に著しく反し、雇用契約の趣旨に従った履行をしていないといえるし、サラリーマン新党からの立候補を考えたことについても、当選すれば、職業政治家に転身することになるのであるから、債務者にとっては、債権者

が、途中で職務を放擲することにほかならないのであり、その影響するところは、一社員が市民として、政治に関心をもって、行動したという範疇に止まっていないこと明らかで、これによって、債務者が、債権者の職務遂行の意思について、疑念を抱いたとしても、債権者は甘受すべきである」と判示して、解雇を有効としました。

　上記2つの裁判例は、

- **人事本部長と職務を特定しての雇用（フォード自動車事件）**
- **マーケティング部長と職務を特定しての雇用（持田製薬事件）**

なので、いわば中途採用の高度専門職ないし幹部職のため、Ⅲ－4のA欄に記入する「会社の期待・指示」は明確で、よって、B欄の「本人の対応」も記入しやすいといえます。

　つまり、職務を特定した雇用では、労働能力欠如型の問題社員対応は、比較的クリアーで対応しやすいといえます。

　職務を特定した雇用は、中途採用の高度専門職、幹部職、外資系企業の中途採用一般によくあるものです。

　以上の解説を整理し（Ⅲ－7）、フローチャートにまとめる（Ⅲ－8）と、次のようになります。

Ⅲ-7 職種特定（限定）契約の労働能力欠如型の整理

1．当該役職（を担当する労働者）に求める能力と、当該社員が
これに対し未達（欠如）する部分を、それぞれクリアーにする
　a　当該役職（を担当する労働者）に求める能力（ジョブディ
　　スクリプション（職務記述書）があればそれ、なければ作る）
　　を、クリアーにする
　b　当該社員がこれに対し未達（欠如）する部分を、クリアー
　　にする
　　→　具体的には、その未達（欠如）を指導書で特定して文書
　　　にすると、よりクリアーになる

2．上記1で明確になった部分を、勤怠不良型のフローチャート
と同様のプロセスで、改善を求める
　　→　通常、フローチャートで、1bの作業と同様に行う。そ
　　　の前半は1b、その中盤以降この作業、このプロセスを必
　　　ず時系列で整理する

Ⅲ-8 労働能力欠如型フローチャート（A：会社が求めるもの、B：労働者の行動、C：会社の解決手段）

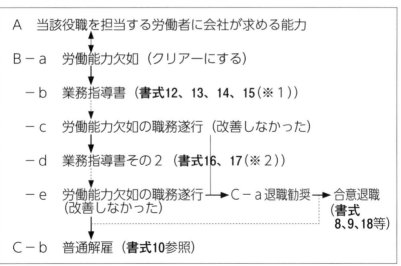

A　当該役職を担当する労働者に会社が求める能力

B－a　労働能力欠如（クリアーにする）

　－b　業務指導書（**書式12、13、14、15**（※1））

　－c　労働能力欠如の職務遂行（改善しなかった）

　－d　業務指導書その2（**書式16、17**（※2））

　－e　労働能力欠如の職務遂行 → C－a 退職勧奨 → 合意退職
　　　（改善しなかった）　　　　　　　　　　　（**書式8、9、18**等）

C－b　普通解雇（**書式10**参照）

※1　最初（１か月目くらいまで）の業務指導書では、会社が当該役職（を担当する労働者）に求める能力・成果を特定する。そして、当該社員がこれに不足することを、その不足する部分を特定することで示し、改善を求める。**書式12、13、14、15**を参照にされたい。

※2　中期～後期（２か月目くらいから３か月目の終わりまで）※１で不足する部分の改善を、さらに求める。特に、**書式16、17**では、Ａ：会社が求めるものとＢ：当該労働者の実態が、対照表となっていて、かつ、Ｂの部分をさらに時系列に並べて記載することで、当該労働者の努力の程度と結果が明確になる。

＜Ⅲ－７、８の進め方の具体的イメージ＞

くどいですが、大事なので説明します。労働能力欠如型の問題社員の対応の整理の視点は、**Ⅲ－７**です。そのイメージを表にするとⅢ－５のように左（Ａ）右（Ｂ）の対照表になります。左（Ａ）欄のほうは確定していますので、右（Ｂ）欄の問題社員の改善状況をⅢ－８のフローチャートに沿って時系列で具体化し、それを表の右（Ｂ）欄のほうにその時系列で記録していく、というイメージです。

その中で、最初の１か月くらいの段階で使う書式が、**書式12～15**です。

各書式の記載内容は、表左（Ａ）側の会社が社員に求める（期待している）事項を客観化・可視化し、それができていないことを伝えます。１か月経過すると改善状況がわかってくるので、以降は**書式16、17**を使って、２か月目以降左右の対照表をつくりこれで注意・指導することで改善努力・結果を客観化・可視化していくのです。

これによって、企業が求める事項（表の左（Ａ）欄）に照らし、問題社員のできなさと改善努力の過程が表の右（Ｂ）欄に時系列に客観化・可視化されていくことになります。

以上の結果、退職勧奨するにも、これに応じないため解雇に踏み切るにしても、かなりの材料を持ったうえで決断することができるのです。

＜退職勧奨・解雇の仕方＞

上記のプロセスを経ても改善なし、ということなら、次の順に対応します。

i　退職勧奨

退職勧奨は、それ自体「解雇」ではないので、解雇予告金（または予告期間）は不要です。

当該社員がこれを受け入れれば合意退職となり、個別労使紛争のリスクがほとんどなくなります。退職勧奨が成功し合意退職となれば、それが最もコストがかからず、リスクの低い方法です（**書式18**）。

労働能力欠如型の社員への退職勧奨は、なかなか難しいですが、前記の「会社が期待・指示した内容」→「本人の対応」の整理（対照表）を頭の中に描いて、たとえば、次のように行います。

「会社がMさんに期待したのは、Mさんもこれまでの会社の指導等でよくわかっていると思いますが、1つめは、総務○○課の部下のマネジメントであり、具体的には、

- ・　日頃の労務管理
- ・　部下からの相談等への適切な対応
- ・　半期・年度ごとの人事考課、賞与・昇給の決定

であることは、よく認識していたと思います。

まずこれらの点について、Mさんは…（時系列にエピソードを指摘）等、残念ではありますが会社が期待するところまではいきませんでした。

また、会社がMさんに期待する2つめ、3つめの点、すなわち、

- ・　総務部の年度計画に則った○○課自体の年度計画を作成すること
- ・　総務○○課の今後の改善等への意見・提言

でも、やはり残念ですが、会社が期待するところまではいきませんでした。具体的に例をあげると…（時系列にエピソードを指摘）等

があります。

このようなことから、会社としては、Mさんには、会社が期待する職責を果たせていないとの認識を持っています。しかも、会社はこれまでMさんに、それらの点を指摘し改善を求めてきたところです（書式14→16または書式15→17を示して、指導したが改善されなかったことをMさんと共通認識とします）。

本来であれば、就業規則所定の普通解雇事由の○号『○○○○』（筆者注：読み上げる）に該当いたします。

もっとも、会社としても、いきなりそのような対応をするのではなく、Mさんには、円満退職したうえで他の世界で活躍していただくことを願っているところです。

そこで、今月末日をもって退職をしていただくことをお勧めします。もし、受け入れていただけるようであれば、その期間は有給のまま勤務を免除し、Mさんが再就職等の準備ができるよう、配慮したいと考えています。いかがでしょうか」といった説得です。

労働能力欠如のエピソードについては、Mさんの反論が容易に予想されるものは省き、反論しにくいエピソードを中心に指摘します。イメージとしては、一度押し込んだ（自覚させた）うえでMさんの逃げ場（一定の猶予を置いた退職日での円満退職）を提案する、というものです。

退職勧奨を実施するときまでにしっかり注意・改善指導していれば、この退職勧奨の段階では、Mさんは、覚悟していたことがとうとう現実化してしまった、と思うはずです。もし、十分に覚悟していたことが話の途中でうかがえたら、エピソードの指摘は省略し、最後の部分、つまり退職日と退職日までの処遇の説明に進んでください。覚悟していたMさんに、追打ちをかけるようにエピソードを指摘する必要はないからです。

なお、解雇事由該当性を指摘することが退職強要にならないか、と心配する読者もいるかもしれません。しかし、事実、解雇事由に

該当しかつ退職勧奨を受けなければ普通解雇することまで考えているなら、その事実を伝えることは退職強要にはならないはずです。むしろ、普通解雇にもなりうるのにそれを事前に伝えないのは、不親切とさえいえます。

ii 普通解雇

iを受け入れなければ、普通解雇（**書式19、20**）します。

この場合、解雇予告金（または予告期間）は必要となり、そして解雇紛争のリスクを負います。ただ、上記Ⅲ－8Bのプロセスで立証手段は用意できているはずなので、裁判には耐えうるはずです。

もちろん、立証手段が用意できていても、解雇紛争は時間もコストもかかります。しかし、そのままにして給料を払い続けることの経済的負担と他の社員への影響（モラル・モチベーションの低下）を比較衡量したら、解雇やむなしという判断をすべき（その代わり、Ⅲ－5のような対照一覧表を作成したこと、そのうえで上記Ⅲ－8Bのプロセスをしっかりしたことが、自信となります）といえます。

イ）職務を特定しない雇用の場合

では、このような職務が特定（ないし限定）された雇用ではなく、長期雇用を前提に雇用され10年、20年経過した社員に対しては、どうでしょうか。これについては、片山組事件に注意すべきです。同事件で最高裁は、「労働者が職種や業務内容を特定せずに労働契約を締結した場合においては、現に就業を命じられた特定の業務について労務の提供が十全にはできないとしても、その能力、経験、地位、当該使用者の規模、業種、当該使用者における労働者の配置・異動の実情及び難易等に照らして当該労働者が配置される現実的可能性があると認められる他の業務について労務の提供をすることができ、かつ、その

提供を申し出ているならば、なお債務の本旨に従った履行の提供がある」と判示しました。つまり、現在従事している業務だけを基準に、「債務の本旨に従った履行」なし、つまり能力（債務の履行）なし、と評価してはいけないと言っているのです。ただ同時に、どんな業務でもよいと言っているわけではなく、「その能力、経験、地位……に照らして……配置される現実的可能性がある……業務」とも判示しています。よって、当該社員の能力、経験、地位等による現実的可能性のある業務に照らし、それができる能力かどうかを測る（よって、けして入社１〜２年のレベルである必要はなし）のです。したがって、当該企業が用意できるそのような職務に照らして、当該企業の期待する能力が発揮されているかを見ることになるでしょう。

これを改めて整理すると、職務（職種）は１つではなく複数で前掲Ⅲ−７の整理をし、各職務（職種）でⅢ−８のフローチャートをそれぞれ行う、というイメージです。

そこで、これをⅢ−５のＡ、Ｂ欄を完成させながら、ある程度長い期間（たとえば、前の部署で３か月の間でⅢ−８を改善しなければ、配転命令権を行使し、配転先の部署で当初の３か月（慣れる必要もあるので）で慣らし、次の３か月でⅢ−８を行う、というように実施します。その際、賞与の支給時期が到来すれば、査定をきっちりして金額に大きな差をつけます（第２章８参照）。つまり、労務管理には一貫性を持たせることが不可欠です。

ウ　試用期間中のとき

新卒者は、初めから仕事ができる前提で入社していないので、直ちに労働能力不足で退職させるのは、難しいといえます。

逆に中途採用者は、即戦力で入社し待遇もそれに見合うものなので、労働能力不足で退職させることは可能です。むしろ、期待水準に未達の中途採用者については、試用期間中に決着をつけるべきです。

ここで1点留意したいことがあります。中途採用者の上司に対し、試用期間中にこの中途採用者に適性があるか（期待水準に達しているか）を見極めてもらうことを、共有しておくことです。多くの現場の上司は、試用期間が法的にどういう意味を持つのかよくわかりません。試用期間中に解雇（留保解約権の行使）するにしてもハードルが高いこと、よって、指導書等の客観的証拠が重要な意味を持つこと、をよくわかっていませんので、これらのことを事前に説明し、共有化しておくとよいでしょう。そして、もし、試用期間中に期待水準に未達となりそうな場合は、次のようにします。すなわち、この場合、企業が当該社員に求める労働能力の内容・水準を明示し（**書式13**）、毎週末（または2週間ごと）にチェックして、達していないことを本人に確認させたうえで、試用期間満了時（あるいは多少延長してよい）に退職勧奨して合意退職（**書式18、45、46**）とするか、応じない場合は解雇（留保解約権の行使）します。

　もし、解雇（留保解約権の行使）に充分な理由が調っていないと判断したときは、試用期間を延長し、改めて客観的に見極めてください。「客観的に」というのは、未達の部分を特定し、どの水準までいけば達成で本採用になるのかを、明確に文書で示すことで可視化し共有化する、ということです。

エ　問題社員から予想される反論とその対応

　労働能力欠如型社員を注意・指導していると、その途中で当該社員のほうから、その注意や指導が（担当する）上司のパワハラである、と反論してくることがあります。

　その場合には、その反論を無視するのではなく、文書にさせます。なぜ文書で本人に書かせるかというと、口頭でこの反論を受けると不正確となり、そしてその不正確性を指摘すると、当該社員が「そんな反論はしていない」と言って開き直ったりして、時間と労力が無駄に

なるからです。これを回避するため、当該社員に文書にさせることで、企業担当者の時間も労力もかからず、また当該社員の主張も固定でき、何重にもメリットがあるのです。それをさせたうえで、一応調査を行い、本人に調査結果を伝えたうえで、改めて注意・指導を続けてください。

オ　設例２への対応

　仕事が遅く、他の社員の２倍以上時間がかかるのでしたら、労働能力は他の社員の半分ということです。設例の退職勧奨→合意退職になればよいですが、それが成功しなければ、何の材料もなしにいきなり解雇はできないので、次のとおり進めます。

　すなわち、職種（務）特定（限定）契約でしたら、前記Ⅲ－8のフローチャートに沿って進めればよいです。この場合も、１サイクル（１つの注意・指導まで）は２～３週間程度、全体のスケジュール感は３か月程度、といったところです。

　他方、職種（務）特定（限定）契約ではない、ということなら、上記他の社員の２倍かかる仕事以外の仕事にもチャンスを付与し（ただし、当該社員の待遇に見合う仕事です。月50万円の賃金を支払っているのに、コピーやファイリングなどさせる必要はありません。）前記フローチャート（Ⅲ－8）を使ってその別の仕事で改善を求め、雇用維持の努力をしてもなお、当該能力欠如型社員は改善が無理であった、という場合は、合意退職の成立をめざし、当該社員がこれに応じないときは、普通解雇を決断します。ただし、降格が可能なら、さらに降格後の仕事でチャンスを付与するかも、検討する必要があります。

4

協調性欠如型

〈設例3〉

　C社には、勤務自体に問題はない（勤怠良好、仕事も速くミスも少ない）のですが、他の社員との協調性がなく、職場で気に入らないことがあると、他の社員を一方的に責め立てたり無視したりする社員Nがいて、職場の雰囲気がとても悪くなっていました。

　そこで、C社はNに対し、設例2と同様1か月の猶予を与え、その間勤務せず他に職を探してもらって退職してもらいたいと考えています。

1　問　題　度

　協調性欠如型は、協調性欠如によって組織の和を乱すものであって、組織としては断固たる対応をすべきです。

　労働契約は企業という1つの組織の中で成立するものなので、労働義務の内容としても、労働者は上司の指示・命令に従い同僚と協調して労働する義務があるといえます。協調性欠如は、その義務違反であるとともに、企業組織を乱すもので問題となります。

　すなわち、この型の社員をそのまま職場に置くことは、間違いなく他の社員のモチベーションの低下につながり、ひいては組織が傷つきます。そうなると、その職場の全社員が上司の言うことを聞かなくなり、たとえ聞いたとしても、ただ聞き流しているだけで精勤せず、その結果生産性は落ちる、ということになります。

この型の社員は、能力的には高いことが多く、弁が立つので、そのことを折り込んで対応を考える必要があります。

② 労務管理の目標

目標はやはり協調性欠如の改善であり、改善しない場合は退職してもらうということです。そのためには、第1に、明確に禁止行為を通知し、または誓約させ、第2に、第1に違反したときは警告または（および）懲戒し、第3に、それでも改善しないときは退職させます。

協調性欠如型は確信犯（自分は正しいと思っている）が多いので、改善はかなり難しいと思いますが、改善を促すことは、終局的解決である退職を円滑にするうえで重要なので、改善を促していることを明確に証拠化してください。

③ 対応の仕方

ア　客観的事実関係を確定

協調性の欠如を指摘すると、当該社員から、「自分は正しく会社のためによいことをしているのに、上司や同僚が間違って会社のために悪いことを押しつけるのであり、それに対し自分はそれは間違いだと言っているだけだ」という言い分がよく出ます。つまり、自分は正しく、上司等のほうが間違っている、というのです。

そこで、問題が起きた段階でしっかり調査をして、事態を客観的に見極めることが、スタートとして重要になります。当該社員の協調性欠如の部分をクリアーにする必要あり、順序としては、次のようになります。

```
①  協調性欠如と思われるエピソードの発生
       ↓
②  調査（当該エピソードの特定（関係者からのヒアリング）→
   本人の言い分のヒアリング→反面調査）
       ↓
③  事実認定
       ↓
④  評価──────→協調性欠如なし→終了

            └───→協調性欠如あり→イへ
```

これをしたうえで、次の段階、つまり、「**イ　対応**」に進みます。

イ　対　応

　上記**ア**で明確になった協調性欠如部分を改善するよう求めます。次のフローチャートです。

Ⅲ－9　協調性欠如型フローチャート

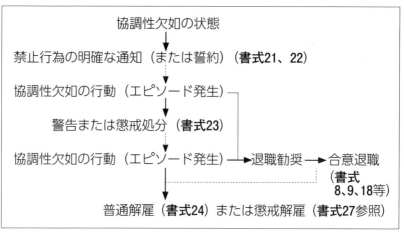

協調性欠如型の問題社員は、性癖のようなものなので、禁止行為の明確な通知（または誓約書の提出等）をしても、なかなか改善されないことが多くみられます。しかし、それは企業秩序への脅威になりますので、そのような状態は解消する必要があります。したがって、前述の問題社員対応（勤怠不良型、労働能力欠如型）と同様に、プロセスを踏んで改善を求めそれでも改善されないときは退職（合意退職または普通解雇、場合によっては懲戒解雇）してもらう必要があります。

　以下、各プロセスの段階毎に解説します。

①　禁止行為の明確な通知（または誓約）

　アで見極めた事実とその評価を前提に、設例のような問題社員Nに注意書（**書式21**）にて禁止行為を通知し、そして（または）、誓約書（注意書と内容は同じでよい）の提出を求めます（**書式22**）。そして、その改善度をチェックします。

　ここで、筆者の経験上のよくある展開と対応を述べます。

　問題社員が注意書を受け取らない、あるいは受け取っても内容を読まずにその場で破り捨てるということが、この協調性欠如型では起きます。ここで肝心なのは、目的は、注意書を交付するのではなく、注意書の内容を伝えることだ、ということです。ただ、注意書の内容を多くの社員の前で伝えるのは、当該社員から「見せしめにされた」と後に反撃されるので、その点の考慮も必要です。

　よって、具体的なやり方は、次のとおりです。

　第1に、場所と人数ですが、Nの上司である課長がNの直属上司の係長と一緒に（2対1になるように）、Nに対し、「伝えたいことがあるから面談室（小さな会議室）に来るように」と指示します。これに対し、Nが、「私に何を伝えたいのですか。それを言わない限り行きません」と言ったら、課長はNに、「**業務指示として伝えたつもりだが、そういう行動は業務指示違反になるが、指示に従わ**

ないのか」と強く言ってください。それでも面談室に行こうとしなかったら、Nに対し文書で注意書（業務指示違反、二度とこのような行動をとらないように、という内容）を、その日のうちに手渡してください。そして、翌日、同じ指示を出してください。

第2に、時間帯ですが、面談室で注意をするタイミング（時刻）ですが、注意後の混乱回避の視点から、夕方の退勤時刻の直前（たとえば、午後4時〜）がよいでしょう。ただ、Nから「会社は自分に注意するため自分を残業させた」と言わせないため、1時間前くらいから始め、早めに終わったら、その日の残りの労働義務は免除し、その代わり、改善をすることをよく考えるように、と言って早く帰社させるとよいでしょう。

第3に、役割分担ですが、いよいよNが面談室に入室したら、課長が注意する役割で係長は記録係と役割分担したうえで、課長からNに対し、注意書の内容を、Nに交付する前に（これが大事なタイミングです）読み上げてください。そのうえで注意書を手渡し、場合によっては同内容の誓約書を提出させ、もし誓約書の提出を拒否したらそれを記録（係長が業務報告書の形にして証拠化する）します。ただ、少なくとも注意書を受領した旨だけは、注意書の写し（コピー）にN自身に記載させてください。それすらNが拒否したら、そのことを写し（コピー）に係長が記録してください（「○○課長がNに注意書を読み上げ手渡し、その写し（コピー）に受領したことの確認のため署名を求めたところ、Nはこれを拒否した」と記載）。

もし、手渡した注意書をNが破り捨てても、注意書の内容は課長が読み上げた時点でNに伝わっているので、何ら問題ありません。むしろ、破り捨てる行為は、Nの問題性をより浮き彫りにするので、そのような行動があったら良い証拠ができたと思って、明確にその旨記録してください。

＜反論に対して＞

　上記の注意をすると、Ｎからいろいろ口頭で反論が出てきます。これに対しては、簡単に再反論ができればしてください。しかし、口論になりそうなら、Ｎに対して「言い分があるのなら文書で会社に提出するように」と伝えて打ち切ってください。

　当該面談は、注意する場であって、議論する場として設定したわけではないからです。加えて、問題社員の言い分は、口頭でやるより文書で出させたほうが混乱回避になり、争点も明確になります。さらには、正式な文書を作るというのは、普通の人は神経を使い消耗するので、問題社員もこれをすれば疲れます。

　その後、会社に出てきた文書がわけのわからないものなら、文書にて、Ｎに対し、「**意味が不明なので、表題を付け各表題ごとに10行以内に要旨をまとめて改めて提出するように**」と対応してください。決して、Ｎから出てきたわけのわからない文書を、時間をかけてＮのために善解して再反論を準備する、といった非効率なことはしないほうがよいです。

　問題社員対応は、ただでさえ無駄な時間を使います（そして何も生産しません）。極力、会社が疲れないようにしてください。なお、この問題社員が反論書の作成・提出する時間は、労働時間ではありません。なぜなら、企業は別に社員に提出を義務づけているものではなく、社員がその文書を作成した時間は、社員が自己判断で任意に作業した時間であり（社員が反論書の作成・提出をしなくても、それ自体にはペナルティがあるわけではありません）、「使用者の指揮命令下に置かれている時間」（三菱重工業長崎造船所事件　最一小平12.3.9）ではないからです。

＜録音について＞

　多くの個別労働係争を受任していますが、その経験から、裁判所では必ずといってよいほど問題社員から指導・警告等の面談の場面

での録音反訳が証拠として出てきます。指導・警告等の面談自体、所定労働時間の中で行われるものである以上、事前に、面談では録音は許可しない、と伝えることはできます。それでも隠れて録音し、後で、裁判等になったとき反訳書として出てきます。民事事件の裁判所は、これらを違法収集証拠として排除することはしません。そのまま証拠にします。したがって、こういう面談のときは、録音されていることを覚悟して実施してください。

さらに言うと、ズルい問題社員は、被害者であることを演出すべく、芝居を打ってわざと面談者（上司、人事部員）に自分に有利な発言を誘導しようとしますので、引っかからないでください。

たとえば、「自分は会社のために直言したことが悪意にとられ、本当に残念でなりません。上司である○○さんだったら、私の真意はわかってくれますよね」と誘導し、上司である面談者が思わず、「その気持ちはわかるが、言い方に気をつけないといけない──」と答えます。そうなると、協調性欠如の発言は、本当は会社のために考えたことであり、そのことを上司は理解しているが言い方だけまずかったという証拠がつくられます。

退職勧奨の場合でも、録音を前提にわざと、「前回の面談では、会社を退職しないと懲戒解雇にもなるような強い言い方で、正直ショックを受け、家に帰って妻と泣いてしまいました。今回はそういう言い方はやめてくださいね」と言い、面談者が相づちを打つと、裁判では、前回の面談で退職強要の事実を会社は認めた、と主張し、この反訳を証拠で出してきます。ですので、くれぐれも注意し、事実と違うことは聞き流さず、必ず、否定してください。

② 　上記違反に対する警告または（および）懲戒

①を２〜３度実施し、その間に改善されなければ、警告書を発します。場合によっては、中程度の懲戒処分、たとえば譴責、減給、短期間の停職（**書式23**）をして、強く警告します。

③　退職させる

　②を行っても改善されなければ、その時点で、普通解雇（**書式 24**）または懲戒解雇を決断します。

ウ　問題社員から予想される反論とその対応

　協調性欠如型の社員を注意していると、その途中で当該社員のほうから、その注意する上司からパワハラを受けた、と反論してくることがあります。

　その場合には、その反論を無視するのではなく、文書にさせて事実を固定したうえで一応それを調査し、本人に調査結果を伝えて、改めて注意を続けてください。前述のとおり、こういった反論を口頭で受けると不正確となり、しかも不利になった当該社員から「そんな反論はしていない」などと言われて、時間と労力が無駄になります。当該社員に文書にさせたほうが、企業側に時間も労力もかからず、また当該社員の主張も固定できるので、何重にもメリットがあるのです。

　つまり、上記Ⅲ－9の対応のプロセスの途中で、問題社員から上記反論がされたときには、いったん中断し、その反論に理由があるかの確認をし、なければ再開する、というイメージです。

　なお、問題社員に知恵をつけるようになるので簡単に触れるだけにしますが、こういう注意・警告の過程で、当該問題社員がメンタルヘルス不全、つまり精神病になったとして、欠勤し休職命令の発令を求めたりする展開もあります。その場合、詐病の疑いが強く、診断書が提出されても産業医等に意見をもらい、場合によっては改めて会社指定医の診断を指示する等し、問題社員の思惑どおりにさせないでください。

エ 設例3への対応

　これも、1か月の猶予期間を定めたことを内容とする合意退職が成立しなければ、フローチャートに沿って進め、材料の積み重ねをしてから、本人の退職への動機ないし覚悟をさせ、3か月後くらいに合意退職または解雇をするのだと考えます。

企業ルール違反型

〈設例4〉

　D社には、就業時間中に私用メールを多数送り、就業時間が終わると、社内恋愛の対象となりながらこじれた女性社員をストーカーし、人事評価時期になると、評価に不利になりそうな情報を隠す社員○がいます。
　D社は○に対し、何らかの人事上の対応をしたいと考えています。
　どのような対応を、どのようなタイミングで行ったらよいでしょうか。

１　問　題　度

　企業の行為規範等の企業ルールに違反した者を放置することは、企業が、自ら設定した企業秩序を傷つけるようなものです。場合によっては、破壊するようなことになります。

　したがって、企業の行為規範等の企業ルールに違反した者に対しては、事実関係を調査したうえで、毅然たる対応が必要です。

２　労務管理の目標

　企業ルール違反につき、調査し事実認定して、その認定した事実に基づき、適切なる人事上の対応を選択し、違反者を教育するとともに、企業秩序を守る（回復させる）というのが目標です。

　付言すると、企業ルール違反型では、労務管理の前提として、当該

問題社員の企業ルール違反の事実を正確に把握する必要があります。

　この点の重要性は、協調性欠如型と同様です。正確な事実認定は、対応の出発点となるのです。

③ 対応の仕方

ア　客観的事実関係を確定

　当該社員の企業ルール違反の状態（事実）をクリアーにする必要があり、順序としては、次のようになります。

```
a　企業ルール違反の発生
　　↓
b　調査（客観的資料の収集・保全→関係者へのヒアリング→当
　　該社員へのヒアリング）
　　↓
c　事実認定
　　↓
d　評価──→企業ルール違反なし→終了
　　　└─→企業ルール違反あり→イへ
```

以下、主なところを解説します。

①　調査の仕方（上記b）

　おそらく、企業ルール違反型では、企業ルールに違反した事実を立証する客観的な証拠があるはずです。設例4でいえば、就業時間中の私用メールなら、そのメールの送信履歴、女性社員へのストーカーなら、女性社員からの事情聴取あるいはその女性社員から相談を受けた同僚の報告、人事評価の情報を隠すということなら、その隠そうとした情報といったものがあげられます。それ以外のケースで考えても、たとえば、交通費の不正請求なら、請求伝票と支払い

を受けていた記録などがあげられます。これらの証拠を収集するのです。それが長期間にわたる事実のときは、物理的に調査にかけられる時間的限界があるので、当該問題社員が継続的に企業ルール違反を行ってきたことがわかる程度の証拠を収集します。

そのうえで、当該問題社員本人から事情聴取をします。

そして、当該問題社員ないし関係者からの事情聴取の結果はメモに残し、可能な限りその被聴取者から内容を確認した旨の署名をさせます。報告も、報告書の形にします（以上、他の問題社員類型ですが、報告書は**書式２**、事情聴取書は**書式28**を参考にしてください）。

②　事実認定（上記ｃ）

上記①の調査の結果、企業としてどういう事実を認定したかを報告書にまとめます。

その際、注意すべきことの一つは、事実と評価をごちゃごちゃにしないことです。たとえば、「企業ルール違反」ということ自体は、事実ではなく評価です。事実は、「就業時間中に私用メールを多数回にわたって送信した」ということです。その事実に基づいて、就業規則の服務規律第○条に〜号とかで列挙される事由のいずれの「企業ルール違反」があったかを評価するのです。事実と評価を意識的に分けるためには、報告書の項目を分け、「（１）事実」「（２）上記（１）の評価」として報告書を作成すればよいでしょう。

注意すべきことのもう一つは、認定する事実はできるだけ具体的に、ということです。たとえば、「就業時間中に私用メールを多数回にわたって送信した」というだけの事実認定は、抽象的すぎます。メールであれば日時が特定できるでしょうから、時系列に表にまとめて、「詳細は別表のように、就業時間中に私用メールを多数回にわたって送信した」と、具体的に認定してください。

交通費の不正請求についても同じです。これは、手口と回数（日

時、金額を特定）で具体的に認定する必要があります。これも時系列に従って一覧表にするとよいでしょう。

　どこまで具体的に事実認定するかは、証拠（記憶）の残り具合によります。つまり、数多くの証拠が残っていれば、それに応じて具体的に事実認定をするのです。もっとも、具体的な認定に多くの時間がかかるときは、代表的な事実（懲戒処分や人事権行使をする理由として十分と思われる程度）をまとめればそれで十分です。つまり、必要十分にやればよく、必要以上にやることはないのです。たとえば、経理部長が長期にわたって会社のお金を費消していたとすると、１年前の１回、半年前の１回、直前の２～３回の各エピソードで、十分に懲戒解雇相当です。

　全貌究明に半年以上かかるなら、懲戒解雇を先にして、損害賠償はその後でも可能です。そうしないとその間、犯罪者に賃金（民536条２項）なり休業手当（労基法26条）を支払わなければならず、ばかばかしい限りだからです。もっとも、社員の身分がないと当該問題社員への調査権の行使がやりにくいということもあるので、そのときには、本人への本格的な事情聴取を先行させて重要事実が確定した段階で懲戒解雇し、経理書類等の調査・確認はその後に行い、最終的に明確になった金額で損害賠償請求する、とすればよいでしょう。ただ、懲戒解雇をする際、問題社員から「会社の現在の調査が終了して金額が確定した際には、その金額を誠実に賠償いたします」という念書を提出させるとよいでしょう。不確定な金額の賠償義務を負う旨の念書ですが、本人自身がいくら横領したか一番わかっている（言ってみれば、他人の借金を包括保証したのではなく、自分の犯罪行為によって被害者に与えた損害額の合計計算が、多すぎてできないだけ）以上、予見可能性のない金額の賠償を求めるものではないので、有効と考えます。

イ 対 応

ルール違反の程度によって、労務管理の仕方が異なります。すなわち、上記アで明確になった企業ルール違反につき、改善を求めるか、退職してもらうかを判断し、実行します。次の3つに類型化できます。

a　軽微な企業ルール違反であれば、厳重注意（**書式25**）、ないし軽い懲戒処分を行うことで、改善を促します。

b　中程度の企業ルール違反であれば、その動機やプラス、マイナスの情状も確認のうえ、中程度の懲戒処分を行うことで、改善を促します。その際、企業に経済的損害が発生したときは、一部でも賠償させることも考えます（**書式26**）。

c　重い企業ルール違反のときは、中程度の企業ルール違反以上に慎重に、その動機やプラス、マイナスの情状も確認して、退職を促すか、再チャンスを与えるかを検討します。退職させるとしても、

- **自主退職**
- **普通解雇**
- **諭旨退職（解雇）**
- **懲戒解雇（書式27）**

の4種類からの選択が、通常、可能なので、争われて紛争になったときの手間や結果のリスク等の労務リスクも考えながら決定します。

Ⅲ-10　企業ルール違反型の対応の整理

a	軽微な企業ルール違反	→	厳重注意ないし軽い懲戒処分
b	中程度の企業ルール違反	→	情状を見たうえで、中程度の懲戒処分を行い、場合によっては一部賠償させる
c	重い企業ルール違反	→	情状をより慎重に見たうえで、退職（自主退職、普通解雇、諭旨退職（解雇）、懲戒解雇）させるか、再チャンスを与えるかを検討

　企業ルール違反型の場合は、前の３つの問題社員類型（勤怠不良型、労働能力欠如型、協調性欠如型）と異なり、企業ルール違反への調査→人事上の対応（注意・指導、解雇または懲戒処分）によって完結します。二度と企業ルール違反がないよう、人事上の対応を行います。改善を求める過程はありません。一旦完結したのに再びルール違反があったときは、別の企業ルール違反として対応します。前の完結した事件は、後のルール違反の人事上の対応を決めるにおいて、「中程度のルール違反」か「重いルール違反」かの判断の材料（繰り返し違反行為をした、という材料）として使います。

ウ　設例４への対応

　設例４のＤ社では、おそらく私用メールは禁止になっているでしょうから（念のため申しますと、情報機器使用規程の整備は絶対必要です）、その点が社内ルール違反であるとともに、職務専念義務違反になります。次に、ストーカー行為も、セクハラ禁止ないしこれに準ずる行為の禁止に違反するはずです。さらに、人事評価に必要な情報の秘匿も、会社の業務を阻害する行為といえます。一つひとつを取り上げると、軽微ないし中程度の企業ルール違反ですが、企業ルール違反

を繰り返すOは、全体として見たとき、D社の社員としての適格性に
疑問が生じます。

　ただ、やるべきことは、これらの問題点が発覚した時点でまずは調
査をし、O本人からも事情聴取をして、客観的事実を把握することで
す。そのうえで各行為の評価を上記の基準に則して行い、さらにその
うえで全体的評価をすることになります。

セクハラ・パワハラ型

① E₁社には、ノルマ達成のため、部下に無謀な命令をしたり、遅くまで無理やり接待に連れ回したりするP₁課長がいます。このため部下は、疲弊してしまっています。それが、ある日の部下の無断欠勤で発覚しました。

そこで、E₁社は、P₁に人事上の対応をしたいと考えています。

② E₂社には、職場の新人歓迎会の二次会等で、部下の女性社員に抱きつく癖のあるP₂課長がいます。このため、女性社員達が二次会等への参加を嫌がるようになり、事態が発覚しました。

そこで、E₂社は、P₂に人事上の対応をしたいと考えています。

1 問 題 度

セクハラにしてもパワハラにしても、法律は事業主に防止措置義務を課してますので、事業主の就業規則には従業員に対するセクハラ、パワハラの禁止が定められているはずです。したがって、それでも発生したセクハラ、パワハラは、前の問題社員類型の企業ルール（就業規則）違反型の1つです。ただ、ハラスメント（嫌がらせ）である性質上、被害者がいることが想定され（環境型セクハラでも周囲の社員が被害者に近い）、また職場で展開されることが多いのでほかの社員にも影響します。すなわち、職場で何らかのハラスメント（嫌がらせ）があると、加害者・被害者だけでなく、職場の他の社員のモチ

ベーションも低下します。

　特に、セクハラ・パワハラ等が継続しているのに放置していると、早期に解決していれば多くてもせいぜい数十万円程度の慰謝料で済んだものが、被害者が精神的健康を害し働けなくなったりと、事態は悪化します。具体的には、休職に入ったり、労災申請したり、あるいは退職せざるを得なくなったとして逸失利益の損害賠償をしてきたりして、事態が重大化するのです。さらにそれが紛争になると、被害者ないしその代理人が記者会見をしたり、ホームページに掲載されたりして、レピュテーションリスクも生じます。

　このように、これらを起こした問題社員を放置することは、大きな問題に発展します。

　設例5のうち、①がパワハラ事案、②がセクハラ事案ですが、いずれもこのまま放置しておくことは大きな問題に発展するのです。

② 労務管理の目標

　セクハラ事案にしてもパワハラ事案にしても、事態が発覚したら、すぐに事実関係を調査し、認定（把握）し、その認定した事実に対応した解決方針をつくり、実施するのです。

　セクハラ・パワハラいずれにしても、事態が重大化すると、①で述べたとおり、被害者が健康を害する等大きな問題に発展するので、上記の対応を早急に実施する必要があります。一般的には、単純な事案では1か月以内、複雑な事案でも2か月以内には対応を終了していないといけません。対応が遅いと、それ自体が職場環境配慮義務違反（債務不履行）であるとか、不法行為（注意義務違反）であるとされ、それ自体で独自に損害賠償義務を負わされる展開になります（均等法11条を受けた平18.10.11労告615号・3項（2）（3）を再確認してください）。

　裁判例でも、事後対応の適否が争われたものとして、青森セクハラ

（バス運送業）事件　青森地判平16.12.24、広島セクハラ（生命保険会社）事件　広島地判平19.3.13等があります（前者は、怠ったとして損害賠償請求肯定、後者は、怠ったとはいえないとして当該請求否定）。注意してください。

③ 対応の仕方

ア　考え方－客観的事実関係を確定

　セクハラ事案にしてもパワハラ事案にしても、事態が発覚したら、次のことを1か月以内（複雑な事案では2か月以内）に実施します。そこで、当該社員のセクハラ・パワハラ等ハラスメントの状態（事実）をクリアーにする必要があり、順序としては、次のようになります。

Ⅲ-11　客観的事実関係と評価

a　セクハラ・パワハラ等ハラスメント事案の発生
　　↓
b　調査（被害者の申告・ヒアリング・客観的証拠の提出→加害者からのヒアリング・客観的証拠の提出→第三者からのヒアリングまたは（かつ）客観的証拠の提出、の順番で行う、**書式28**）
　　↓
c　事実認定（加害者、被害者の供述の信用性の検証→第三者の供述や情況証拠との整合性の検討で、いずれの供述の信用性があるかを見極め、それに基づいて事実を認定する。**書式29**）
　　↓
d　評価───→認められない→原則終了、ただし、紛争予防のための和解が必要な場合もあり、イで整理している
　　　　└──→認められる→イへ

ただ注意すべきは、セクハラ事案では、被害者のプライバシー保護がより要求されるので、**b**の調査は必要最小限とし、**c**の対応も**d**の実施も、被害者のプライバシーに配慮しなければなりません。

　他方、パワハラ事案は、セクハラ事案ほど被害者のプライバシー保護は要求されませんが、**b**の調査では、加害者の圧力がかかった社員からのヒアリングや、逆に加害者に反発していた社員からのヒアリングでは、正確な事実が語られない可能性があるので、その点を考慮した評価が求められます。

① 調査（Ⅲ－11b）

　通常、被害者から申告があって事件が発覚します。まずは、申告者から事情聴取します。その際、必ずセクハラないしパワハラの具体的事実と日時・場所・発言・行動を特定します（**書式28**）。筆者の経験上、被害者の申告も企業の調査担当者の事実調査もラフなものが多く、日時、言動が特定できていないものを多く見ます。

　たとえば、被害者からは、セクハラが日常的にされているので日時の特定はできない、と言われたりします。しかし、日常的であるなら、○年○月○日頃より△年△月△日頃まで週〜回位、という特定でもよいのです。その程度はできるはずです。言動についても、いやらしい発言をされた、というそれ自体が事実と思い込んでいる調査担当者がいます。しかし、「いやらしい発言」それ自体は評価であって、その評価の対象となる事実こそが必要です。たとえば、「君の胸は大きくて見ているとムラムラするよ」とか、「一度私とホテルにお願いできないかな」というのが認定すべき事実であり、その評価が「いやらしい」という評価なのです。筆者のこれまでの長い経験では、被害者の申告自体、抽象的なものが多いですし、他方で、企業の調査でも、きちんとできる調査担当者は滅多にいません。被害者から申告を受けるときは、日時、言動が複数あるのであれば一覧表を作成して提出してもらったり、これを受けた企業の調

査にしても、もっともっと調査→事実認定→評価のトレーニングを重ねる必要があります。

　被害者以外からの申告のときは、慎重を期して、まず被害者に、事件として本格的な対応をすることへの協力の意向があるかを確認します。

　付言すると、セクハラにしてもパワハラにしても被害にあった社員だけの問題ではありません。セクハラ・パワハラにより職場のモチベーションは低下しているはずで、企業も大きな打撃を被っているのです。よって、セクハラにしてもパワハラにしても、被害者のためだけに対応を行うという考えは、間違いです。被害者が大ごとにしなくてよいと考えても、セクハラ・パワハラが重大なものであれば、職場秩序を守り他の社員のモラル・モチベーションを維持するため、毅然と対応すべき場合もありうるのです。

　そして、調査にあたっては、セクハラでは被害者のプライバシーに配慮し、パワハラでは社員の供述の信用性を慎重にチェックすることが不可欠なことは、すでに述べたとおりです。

②　事実認定（把握）（Ⅲ－11ｃ）

　上記①の調査および収集した証拠に基づき、具体的事実を認定します（**書式29**）。注意すべきは、加害者が全面否定していても、セクハラ・パワハラの事実があったと認定することはできるし、関係証拠がそろっていればむしろ認定すべき、ということです。加害者が全面否定したら、その認定ができないと勘違いしている労務担当者もいますが、間違わないようにしてください。

　他方、上司を落とし入れるため、狂言でセクハラ・パワハラを創作する「被害者」（筆者も数件経験しました）もいますので、そちらにも注意してください。

　いずれにしても、調査し、収集した証拠を慎重に検討すれば、自信を持って事実は認定できるはずです。

イ　対　応

　セクハラ・パワハラの事実が認められる、あるいは認められないとの結果になれば、その結果に基づいて対応方針を決定し、実施します。

　この対応方針の決定と実施を整理すると、次のようにまとめることができます。

Ⅲ−12　ハラスメント対応のイメージ

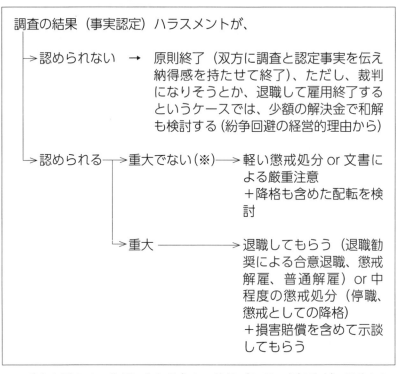

調査の結果（事実認定）ハラスメントが、

→ 認められない　→　原則終了（双方に調査と認定事実を伝え納得感を持たせて終了）、ただし、裁判になりそうとか、退職して雇用終了するというケースでは、少額の解決金で和解も検討する（紛争回避の経営的理由から）

→ 認められる─→重大でない(※)─→軽い懲戒処分 or 文書による厳重注意
　　　　　　　　　　　　　　　　＋降格も含めた配転を検討

　　　　　　　└→重大 ─────→退職してもらう（退職勧奨による合意退職、懲戒解雇、普通解雇）or 中程度の懲戒処分（停職、懲戒としての降格）
　　　　　　　　　　　　　　　　＋損害賠償を含めて示談してもらう

※　重大か否かは、裁判になりそうか、結果（ケガ、病気発症）が重大か、をメルクマールにする

　セクハラ・パワハラの事実が認められるのであれば、その内容と加

害者の反省の有無等によって、懲戒処分、異動といった加害者に対する人事上の対応を決めます。

　また、民事上の損害賠償請求をされる可能性があるときは、示談書の取りまとめも積極的に行います（**書式30**がパワハラ、**書式31**がセクハラの示談書の例）。その際、損害額の算定は難しい問題です。セクハラ・パワハラによって被害者が退職せざるを得なくなったなら、再就職先が見つかるまでの合理的な期間（たとえば6か月等）の逸失利益を賠償して（加害者にさせて）、示談したりします。また、被害者が病気になって働けなくなったなら、その期間について労災給付されるのであれば差額を賠償して、示談したりします。単なる精神的損害だけなら、そのハラスメントの程度と続いた期間により金額を決めます。これまで多くの裁判例があるので、それらを調べ、類似事案を参照します。

　他方、セクハラ・パワハラの事実が認められなければ、少額の解決金で解決したりします。

　セクハラ・パワハラ等のハラスメント型の場合も企業ルール違反型と同様で、最初の3つの問題社員類型（勤怠不良型・労働能力欠如型・協調性欠如型）と異なり、ハラスメントへの調査・事実認定・評価をした後、これに基づく人事上の対応（Ⅲ－12参照）によって完結します。ハラスメントが再度行われたときでも、別のハラスメントとして対応します。前の完結した対応は、後の（セクハラ・パワハラ等）ハラスメントの人事上の対応を決めるにおいて、「中程度のルール違反」か「重いルール違反」かの判断の材料として使います。

ウ　設例5－①への対応

　Ⅲ－11のフロー（a～d）に従って進めます。設例では、aは発生したので、bの調査に進みます。ヒアリングの順序も間違えずに進みます。あわせて、ヒアリングする対象者には守秘を指示します。bの

調査結果に基づいて、cの事実認定をします。これは、誰がこう言った、誰がこういった、というものを並べるものではありません。企業としてどう認定したのかです。事実は１つしかありません。そして、dで評価します。本設例が事実なら、法令上のパワハラに該当する可能性があります。仮に、該当しなくても上司として、部下の使い方に問題があることは明らかです。

　したがって、先例なども確認してですが、軽い懲戒処分か文書による厳重注意は必要でしょう。また、懲戒処分とは別に人事権の行使として降格も考えるべきでしょう。部下を潰してしまいます。上司として不適格なので、降格は権利濫用にならないと思われます。ただ、この程度のハラスメント問題では、関係者間の和解（示談）書の締結までは不要と考えます。

エ　設例５－②への対応

　これも、事態が発覚した時点でaが存在しますので、bの調査に進みます。やはり、ヒアリングの順序とその際に対象者に守秘義務を負わせることは、省略せず間違えないできちんとやってください。そして、cの事実認定も両論併記のようなのはダメです。事実は１つです。そして、それに基づいてdの評価をします。

　先例なども確認して、対応を決めます。筆者としては、設例が事実なら、軽い懲戒処分か文書による厳重注意は必要と考えます。この場合も、（人事権の行使として）降格も検討の余地があります。本設例も、示談書の締結までは必要ないと考えます。示談までする必要があるのは、裁判になりそうとか、病気、ケガを負ったという結果が重大なケースの場合です。

7 企業制度濫用型

〈設例6〉

　F社には、日頃からコンプライアンス遵守にうるさいIT部所属の社員Qがいます。Qは、日常業務に不満が発生すると、F社のコンプライアンス規程を利用して、パワハラを受けた、就業規則にはパワハラ禁止となっているので会社のルール違反、よってコンプライアンス違反、と申告してきます。

　受け付けて調査を開始すると、毎日のように進捗を聞いてきて報告を求めます。

　Qが申告した事案は、いずれも違反は認められずコンプライアンス違反なしとして処理されます。F社では、このQの一連の行動で関連部署に負担がかかっており、何とかしたいと考えています。

1　問 題 度

　最近、世の中でコンプライアンス重視の風潮が強くなってきているのを背景に、こういう相談が多いです。

　企業自身が設けている制度を社員が利用しての申告なので、正面から問題とはいえません。しかし、日常業務の不満は、通常は当該職場で解決するのが容易なはずで、それをコンプライアンス制度に則って申告してくるというのは、a上司がしっかり労務管理してないか、b当該社員（設例内Q）が組織の一員たる認識を欠如し、自分の考えが正しいとして上司の解決努力に協力しない場合です。日常業務をめぐってのトラブルを、いちいちコンプライアンス違反であるとして申

告され、調査→結論を出すのは、企業としては大きな負担です。本来、かけるべき重要な案件に力を使えないリスクもあります。

2 労務管理の目標

　企業としては、コンプライアンス制度の利用は、本来の目的の案件にフォーカスし、それ以外の、特に日常業務をめぐってのトラブルは、現場で解決してもらいたいでしょう。その延長上として、コンプライアンス制度を本来の目的（企業のコンプライアンス重視の実現）ではなく、自分（社員）が起こした紛争を自分に都合よく解決する目的での利用は、制度の濫用であり、問題社員として対応することを考える必要があります。

　なお、ハラスメント（セクハラ、パワハラ等）防止を上記コンプライアンス制度の内に入れずに、別にハラスメント防止制度（規則）を設けている場合も同様で、日常業務をめぐってのトラブルを、自分に都合よく解決するためハラスメント防止制度を利用するのは、濫用であり、問題社員です。

3 対応の仕方

ア　基本的対応の順番

　上記1の問題度から以下のように対応します。

a　まずは、上司に対し、部下（コンプライアンス制度に則って申告した者）と、コミュニケーションを持って、日常業務で生じたトラブルの円満解決を促します。この場合、上司に該当部下に対し頭を下げてでも解決しろということではなく、言わばきちんと事実確認と分析をしたうえで対応をして解決するよう求めるのです。

b 上司が上記 **a** の方法で円満解決できないとき、その原因が上司の労務管理能力の不足か、部下の組織の一員として相応しくない言動・態度のどちらか、を見極めます。

　前者であれは、さらにその上司に円満解決のために乗り出してもらいます。後者であれば、前出の協調性欠如型の問題社員としての対応をしなければなりません。

c ただ、当該部下が上記 **b** の上司の解決努力に協力しないだけでなく、コンプライアンス違反と申告してきたら、コンプライアンス規程に則って、

　　　　　調査
　　　　　↓
　　　　事実認定
　　　　　↓
　　　　　評価
　　　　　↓
　　　　　対応

を行うことになります。

　職場での日常業務をめぐるトラブルにおいて、上記プロセスを経てパワハラ等の嫌がらせが認められなかったら、コンプライアンス違反ではないので、対応不要となります。

d さらに、当該部下が、上記 **c** の申告を事あるごとにしてきて、また進捗の報告を頻繁に求めてくれば、関係者がこれに多くの時間（労力）と負担を割かれることになり、この場合、ステージを変え次の対応をする必要が出てきます。

イ　コンプライアンス規程のブラッシュアップ

　筆者の経験上、コンプライアンス規程には、不備があったり、申告者に（申告するのに）負担がなく、言った者勝ちのようになるものが多いです。

　そこで、コンプライアンス制度を濫用されないため（申告者自身の不満の解消に使うことがないよう）、コンプライアンス規程を本来の目的（企業のコンプライアンス重視の実現）に合致するようブラッシュアップします（**書式32**参照）。主な点を解説します。

①　対象事項

　コンプライアンス遵守が目的なので、対象はコンプライアンス違反だけになります。すると、日常業務の中のトラブルでもセクハラやパワハラにならなければ対象外なので、セクハラやパワハラにならないトラブルを繰り返し申告したら、会社の制度を濫用したとして、懲戒処分が可能となります。

②　申告（受付）先

　申告（受付）先は狭くする必要はないですが、明確に一義的にしておく必要があります。受け付けたか否かがはっきりしなくて、よく紛争になります。

③　申告方法
i　方法

　これも重要です。口頭受付も可とすると、申告（受付）したか否か、はっきりしなくなります。たとえば、人事考課面談の中で、コンプライアンス違反を口頭で申告したと主張されたり、あるいは、労務管理上注意・指導していたら「それ自体パワハラだから会社の就業規則に違反する、この場でコンプライアンス違反で申告する」

と言われ、注意・指導の場が何の場かわからなくなります。

　メールや文書で申告するというのが、可視化でき、明確です。メールは受信時刻が特定できますが、文書提出のときは所定の書式を用意し、受付日時を打てるようにしておくとよいです。

ii　申告内容

　これもとても重要です。申告は、上記ⅰの対象事項の具体的事実を主体、客体、日時、行為等いわゆる５Ｗ１Ｈで申告内容を特定するようにさせてください。包括的な申告をされると調査にとても手間がかかります。正確な日時の特定ができなくても、「○年の夏初め」程度の特定でよいので、特定させてください。

　行為の特定も重要です。「パワハラされた」では、特定になりません。「右手のげんこつで私の左頬を２回殴った」というのが、行為の特定になります。不充分であれば、補正をさせてください。それもメールか文書で特定させてください。裁判でも、訴状が不特定だと裁判所からは補正するよう連絡があり、その間手続を進めることはしません。それと同じにしてよいです。

④　裏付け証拠の提出

　これも言った者勝ちとならないよう、また申告内容の正確性を担保するため、さらに調査の手間も少なくするため、申告者に対して、手持ちの裏付け資料があるなら、必ず申告と一緒に提出するよう制度設計してください。もしないなら、「ない」と記載させてください。後から出すようなことがないようにです。しかし、裏付け資料がなくてもコンプライアンス違反事件は発生し得ますので、資料がなくても受付はします。ただし、「裏付け資料はなし」と記録にします。申告者に手持ちの資料があるかないか、あるとして何があるのかは、申告時点でクリアーにしておきましょう。

⑤ 顕名または匿名の有無

　申告が顕名のときは、調査→事実認定→評価→対応のフィードバックをしますが、申告が匿名のときは、あくまでも情報として取扱います。匿名の場合に事実の特定がない場合もあり、対応もできません。よって、情報提供の意味以上ではないのです。このように、顕名による申告と匿名による申告とでは意味が全く違う、と整理してください。

⑥ 申告後の手続を明記する

　申告が有効にされたら（メール・文書できちんと提出され、その内容が特定され、手持ち資料の有無・内容もクリアーになった場合）、その後どう進めるかを明示します。

- ・　**調査担当者は誰か**
- ・　**調査の仕方**
- ・　**調査結果を基に誰が評価するのか、評価結果に基づきどう対応するのか**

を規程内に明記します。

⑦ 濫用の申告をしたら処分されることを明記する

　コンプライアンス制度の目的が企業のコンプライアンス経営実現という企業の適正な運営にあり、「社員の申告の濫用はやってはいけないこと、やったら人事（懲戒）処分がされること」を明記するとよいでしょう。

⑧ コンプライアンス規程とは別にハラスメント防止規程があるとき

　ハラスメント防止規程（**書式33**参照）は、法令に基づいてハラスメントの予防と発生した場合の適正なる対応・処分が目的となり、上記⑦とは目的の設定自体異なります。しかし、ハラスメントでな

いのにハラスメントと申告するのは、上記⑦と同様の評価となります。ただし（セクハラでもパワハラでも）ハラスメントかどうか微妙な事案であるときは、濫用する意図の立証は困難なので、ハラスメントではないと認められても、それで申告者を処分することにはつながりません。個別具体的に判断することになります。

⑨　まとめ

コンプライアンス規程ないしハラスメント防止規程を、以上のようにしっかりつくっておけば、申告があっても調査にそれほど手間がかからず、1〜2か月で判断・対応までできるはずです。その中で濫用の申告かもわかります（対象事項を特定できないとか、手持ち資料がないとか、いろいろなところに出てくるはず）。そこで、企業として、企業制度濫用型の問題社員には、適切に対応できることになります。

なお、匿名の申告は、情報として受け取ったうえで、予断を持つことなく、内容をしっかり把握すべきです。人を陥れるためのものもあれば、企業にとって（わからなかった）大事なリスク情報の提供であったりします。繰り返しですが、匿名の申告は非公表の情報として受け取り、調査等対応が必要かは情報内容を読んで判断します。

8 メンタル社員型

〈設例7〉

　G社の営業社員Rは、営業に向かない気質であったせいかノイローゼになり、休みがちとなりました。ただし、多くは有給休暇を取得しています。G社では、Rが営業の適性がなくまた休みがちのため、G社の営業計画の実施において戦力として期待できないとして、退職勧奨しました。

　ところがRは、「自分の病気はG社の営業活動という業務が原因であるから、労災のようなものである。したがって、まずはゆっくり休ませてほしい。もしそれができないなら、営業以外の業務ならできるので、総務部などの仕事をさせてほしい」と返答しました。

　しかし、G社では総務部等の内勤業務に空きポストがないため、Rには退職してもらいたいと考えています。

1 問 題 度

　メンタル社員型は、精神疾患になって勤務できない社員に対し、企業はどこまで、どのような対応ができるかです。今日、精神疾患になる社員はかなり増えています。筆者の経験では、長期にわたって働けなくなった原因の9割は、精神疾患等です。けが等、精神疾患以外の原因は、非常に少ないです。

　また、メンタル社員型は、原理的には勤怠不良型に精神疾患が重なった問題社員の類型です。この精神疾患の原因が、私的か（私傷病か）、業務に起因するか（労災か）により、問題ががらっと違ってき

ます。そこで精神疾患で長期欠勤となった社員への対応をどのように適切に行うかは、とても重要な問題となります。

② 労務管理の目標

　メンタル社員型への適切なる労務管理の実行が目標となります。すなわち、前述のとおり、メンタル社員型は、原理的には勤怠不良型に精神疾患が重なった問題社員類型ですので、法的には勤怠不良型（欠勤または遅刻等、場合によっては労務提供の質的不良も加わる）ですが、その勤務不良原因が精神疾患なので、勤怠不良に理由があることになるので、最初の問題社員類型の勤怠不良型とは、全く労務管理の仕方が違ってきます。多くの企業では福利厚生の観点から私傷病休職制度を設けています。そのような企業では、いくら勤怠不良でも私傷病休職制度を設けている以上、これを適用しないで通常の勤怠不良型のように対応しては問題となります。適切なる労務管理の実行という点からは、まずは私傷病休職制度の対象であるならこれを適用して、退職（失職）を回避する配慮が必要となります。

　さらには、勤怠不良の原因となった精神疾患が業務に起因しているとなると、さらにやっかいで、当該企業に私傷病休職制度を設けていようがいまいが、労基法19条の解雇制限が適用されるので、強制的な退職である解雇はできなくなります。さらには、当該メンタル社員から、「自分の精神疾患は業務に起因しているので労災申請に企業は協力してほしい」と言われれば、これを無視するわけにはいかず、労災申請されたら労基署に対し必要書類の提出をし、関係者のヒアリングが実施されればこれに協力することになります。

　さらには、（支給、不支給の）労災判断（業務に起因する、しないの判断）がされることとなります。企業は自身の判断で、つまり労基署の判断が出る前に、業務に起因しないので私傷病休職制度適用の範囲で処遇し私傷病休職期間満了で退職させるとしたら、これは慎重に

判断をしなければなりません。労災申請されても、その判断が出るまで待つ義務は企業にはありませんが、仮に企業が業務起因性なしと判断し私傷病休職期間満了をもって自然退職としても、その後に労基署が業務起因性ありと判断すれば、上記退職は前掲労基法19条から（自然退職は実質解雇とみられ）無効となり、復職させなければならなくなります。

改めて整理すると、メンタル社員型は本来は勤怠不良型ですが、その理由が精神疾患ということでそれなりに理由があり、しかもその原因が（ハラスメントとか長時間労働とかを典型とする）業務に起因するということなら、退職させるにも、自信をもって違うと言えるだけのものが必要です。とても神経を使う類型といえます。

③ 対応の仕方

ア 対応の基本型

適切なる労務管理の実行のため、メンタル社員型対応を次ページのフローチャートで整理します。

a　当該社員の精神疾患の状態（事実）を、クリアーにする。

重症か、否か（働けない状態か、薬を飲みながら働ける状態か）（※１）

　　▶ 否（薬を飲みながら働ける状態）→安全配慮義務の履行として重症化しないよう労働時間（労働の量）、質（業務の負荷)に配慮する（主治医や産業医の診断を参考に）（※２）

　　▶ 肯（働けない状態）

b　私傷病休職制度（**書式34〜36**）の適用があるか、否か

　　▶ 否　→　普通解雇（**書式42**）または合意退職で退職してもらう

　　▶ 肯　→　休職命令を発令する　（※３、**書式37**）

c　私傷病休職期間満了時に復職可能か、否か（なお、**書式38**）。

　　▶ 復職不可→自然退職または普通解雇（※４、**書式39、40**）

　　▶ 復職可　→　復職命令発令（なお、**書式41**）

※１　この場合、パワハラ等があったため体調不良で労災である、と主張してくることがある。この場合、見極める（場合によっては調査する）必要がある。

※２　この場合、企業の賃金（賞与）制度の設計によってその労働の量と質の配慮は待遇にも影響させることができる（ただし、年功型では難しいと思われる）

※３　休職期間中は、雇用関係はあるが労働義務が免除または不履行が免責されている状態である。よって、雇用関係に基づいて、さらなる診断書の提出を求めたり、休職期間中の健康状態につき報告を求めるこ

とができる（人事権の行使）。これに休職者が応じないとき（たとえ
ば、さらなる診断書を提出しないとき）は、休職事由が途中から裏付
けられなくなったとして、休職命令を将来に向けて取り消すことも可
能となる。もし、取り消したら、以降は無断欠勤となり、普通解雇事
由になるから、解雇も可能となる。

※4　失職となるので、紛争になりやすい。丁寧に見極めて判断する必要
がある。

　まず、aでメンタルで勤怠不良の程度を見極めます。また、働ける
状態であるときは、不良の原因が業務上（ハラスメント等の主張）で
も私的でも健康状態が万全ではないことを使用者は認識しているわけ
ですから、その健康状態に応じた働き方への配慮義務（安全配慮義
務）を負います。産業医等（産業医を選任する規模の企業でなくて
も、専門医を紹介してもらう）の助言をもらって、この義務を履行す
ることをお勧めします。

〈パワハラの主張に対して〉

　問題は、当該社員から、「自分の精神疾患は、上司のセクハラ・
パワハラが原因である。したがって、労働災害である」という主張
がされたりする場合です。

　このような場合は、通達（平23.12.26基発1226号第1号等）を頭
に入れながら、当該ケースがはたして労災といえるかの事実確認と
判断をする必要があります。

　労災の可能性が高いということになれば、当該社員より労災申請
し支給決定を得たら、さらに企業に対し安全配慮義務違反ないし注
意義務違反ありとして民事責任の追及をしてくる展開が容易に予想
されます。そのような展開になるのは企業にとって大きなリスクな
ので、早期に話し合いして解決を図るよう努力すべきです。とりあ
えずは、傷病手当金の申請に協力し、受給しながら療養に専念して
もらうよう話し、そのうえで改めて話し合いで軟着陸を図ります。

　他方、労災の可能性が高くないのであれば、そして当該社員自身

が在職にこだわるのであれば、私傷病休職制度（**書式34～36**）を適用（休職命令の発令、**書式37**）して処遇することになります。

　次に、aで働けない状態である場合は、bに進み、当該企業に私傷病休職制度があるか否かを確認します。ある場合は、これを適用して休職をさせる必要があります。これをしないで解雇すれば、原則は無効となります。例外として、高次脳機能障害で休職期間内には復職可能にはならないことが明らかな場合は、可能です。他方、当該企業に私傷病休職制度がない場合は、就業規則の普通解雇事由該当性を確認し、解雇相当かもあわせて判断して、解雇するかどうかを決めます。だいたい2～3か月の病気欠勤が目安でしょうか。もちろん労働紛争回避のため、話し合って合意退職をすることは、是非、お勧めしたいです。合意退職前に傷病手当金の受給手続きを申請し、かつ合意退職すれば、将来転職する際、支障とはなりにくいといえます（病気による長期欠勤を理由とした解雇をすると、転職先から労基法22条の証明書の交付を求められたとき、その事実が転職先にわかり、転職先が採用するのに躊躇することが予想される展開です。その点も説明して合意退職を説得する、ということです）。

　そして、cの段階ですが、私傷病休職制度を適用したが、その休職期間では精神疾患が治癒しなかったときは自然退職か普通解雇となります（**書式39、40**）。どちらかは、当該企業の就業規則次第です。前者は、期間の経過という自然（時間）の流れで退職という法的効果が生じますので、通知は不要です。しかし、後者の場合は、解雇通知をしないと退職という法的効果は生じません。筆者が知る限り、私傷病休職期間満了を自然退職となるように設計している就業規則が多いと思います。他方、復職可能な状態まで回復すれば、企業は復職を命令することになります。

　もし、休職期間満了時に治癒しているが元の職務は十分できないということであったら、当該社員が職種を限定したものでなければ、

「現に就業を命じられた特定の業務について労務の提供が十全にはできないとしても、その能力、経験、地位、当該使用者の規模、業種、当該使用者における労働者の配置・異動の実情及び難易等に照らして当該労働者が配置される現実的可能性があると認められる他の業務について労務の提供をすることができ、かつ、その提供を申し出ているならば、なお債務の本旨に従った履行の提供がある」（片山組事件最一小判平10.4.9）となるので、現実的可能性のある他の業務への復職可能性を検討しなければなりません。

イ　設例7への対応

　休みがちのRが「G社の営業活動という業務が（ノイローゼの）原因である」から、労災のようなものである。…ゆっくり休ませてほしい。もしそれができないなら…総務部などの仕事をさせてほしい…」と主張してきてます。

　休みがちという勤怠不良がどれくらい欠勤日数多いか確認し、「ノイローゼ」がいかなる病気か確認します。たとえば、産業医の診断を受けてもらいます。その際、病気と勤怠不良に因果関係があるかなどの意見ももらいます。そして、その原因とRが主張する営業活動の負荷を量（労働時間）と質（労働の内容・負荷）で確認します。

　もし営業活動の負荷が病名のついたノイローゼの原因ではない、ということなら、私傷病によって（休みがちという）勤怠不良が生じただけとなります。

　そして、勤怠不良を解消するためには病気の治療が必要というなら、休職命令を発令します。他方、勤怠不良と病気に因果関係がないなら、前述の勤怠不良型の問題社員対応をすればよいです。

私生活上の問題行動型

〈設例8〉

① H₁社には、勤務自体も社内での協調性・積極性等についても問題はないが、酒癖が悪く、日頃から打上げの飲み会などで他の社員にからんでいろいろ迷惑をかける社員S₁がいました。S₁は、H₁社の休日である日曜日に新宿区○○町で飲みすぎ、帰宅の際、タクシー運転手がS₁を乗せなかったことから口論になったうえ一方的に暴行し、駆けつけた警察官に逮捕され、さらに勾留されました。タクシーの運転手は全治1か月の重傷を負いました。

　S₁はその後釈放されましたが、H₁社は、S₁を社員としてはふさわしくないと考えています。

② H₂社はコンビニチェーンを全国に展開していますが、H₂社のある営業店に勤務時間中にあったおもしろいことをSNSに掲載することが好きな社員S₂がいました。あるときS₂は、H₂社の営業店で販売するおでんの具を一度自分の口の中に入れて元の場所に戻すという動画を撮り、ウケ狙いで自身のSNSに載せてしまいました。

　これを見たお客さんからH₂社に苦情が殺到し、同社ではS₂のSNS掲載に気付き大騒ぎとなりました。H₂社はS₂に対し、どのようなことができるか検討しています。

---

1 問 題 度

　（仕事以外の）問題行動型は、本来自由であるはずの私生活における非違行為に対し、企業としてどこまで労務管理できるかが問題の所在です。設例②は、読んだ読者の方々はH₂社はS₂にどんなことでも

できるであろうと印象を持つと思いますが、そういった事例であっても、冷徹に事象を分析する必要があります。スタートは、設例の問題行為は私生活上の非行であり、本来自由であるはずのSNSへの掲載という行為（最近は、アルバイトの従業員がこういった軽率な行動を様々な会社で行っており、バイトテロと呼ばれています）が、法的にどういう評価となり、どこまで何ができて、今後発生しないためにはどうしたらよいのか、と整理して考える問題です。

　また、この型では、ときどき、その問題行動が犯罪である場合、逮捕・勾留されて出勤できなくなって発覚するケースもあります。その場合には、当該社員にどのように事実確認をしてよいか等、迷うことが多いです。そういうケースへの対応についても、以下、解説します。

2 労務管理の目標

　企業の名誉・信用等を毀損していないか、あるいは当該企業の社員としての適格性に影響を及ぼすことはないかといった視点から、対応を検討すべきです。

　設例②のケースでは、業務妨害罪（刑233条、234条）が成立しますので刑事責任の追及、民事上も不法行為（民709条）または契約責任（民415条）に基づく損害賠償請求といった民事責任の追及、他方で、国民への対応として記者会見等の対応も必要となり、当該社員への労務管理上の対応だけでは終わらない私生活上の非違行為ですので、目標の設定を広くする必要があります。

　また、逮捕・勾留されている当該社員に対しては、できるだけ早く事実を確認し、その事実に沿った対応を採ることが目標となります。

③ 対応の仕方

ア 考え方-事実関係を確定

　私生活上の非違行為が企業秩序に影響を及ぼす場合（懲戒処分する場合）、あるいは当該企業の社員としての適格性に影響を及ぼす場合（解雇する場合）に、初めて対応が可能です。ただ、その場合でも、懲戒処分や解雇の選択が重すぎないかが問われます。即時解雇するのは当然、解雇権濫用とされるリスクがあります。

　設例②のケース（バイトテロ）の場合は、②でも指摘したとおり、上記労務管理上の対応に加え、刑事責任、民事責任の各責任追及の可否、他方、対国民との関係での説明責任が求められるので、対応をそれぞれ具体的に考える必要があります。

　その前提として、まずは当該社員の私生活上の問題行動の状態（事実）をクリアーにする必要があり、この問題行動型においても、他の問題社員型と同様、次のプロセス（順序）で問題行動の状態（事実）を確定します。

Ⅲ-14　客観的事実の確認と評価

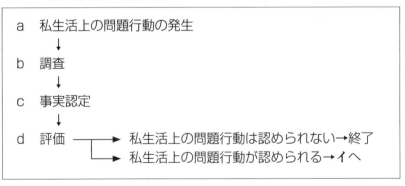

イ　基本的な対応の仕方

　次のことを考慮した総合判断で、懲戒解雇または普通解雇あるいは退職勧奨をして合意退職か、退職以外の懲戒処分で収めるのかを決定します。

- 当該企業の事業内容や知名度
- 当該社員の地位・職務
- 当該社員の普段からの勤務態度
- 当該非違行為の結果の重大性（けがの程度、被害者の感情）
- 当該企業での類似事案の先例等

　私生活上の問題行動型の場合も企業ルール違反行動型等と同様、最初の３つの問題社員類型（勤怠不良型・労働能力欠如型・協調性欠如型）と異なり、私生活上の問題行動への調査による事実認定→認定した事実に基づく人事上の対応によって完結します。私生活上の問題行動が改めてされたときは、別の私生活上の問題行動として対応します。前の完結した対応は、後の私生活上の問題行動の人事上の対応を決めるにおいて、「中程度のルール違反」か「重いルール違反」かの判断の材料として使います。

　設例②のケース（バイトテロ）の場合は、上記アのとおり、労務管理上の対応だけでは収まらずいろいろな対応を検討する必要がありますし、問題社員が発生しないために予防策をどう設計したらよいか、の視点も必要です。この具体的な検討は、「**オ　設例８－②への対応**」で詳しく解説します。

ウ　逮捕・勾留事件の場合の対応

　私生活上の問題行動が犯罪の場合（設例のような傷害の他、薬物事犯、窃盗、電車内でのわいせつ行為等）、現行犯逮捕され、その後勾留される展開となるケースがあり、こういったことがいきなり起きる

と、どう対応するか迷います。

　そこで、以下、刑事手続の説明をしながら、その中で対応の仕方を解説します。

①　逮捕・勾留

　まず、警察に逮捕されると48時間以内に検察官に送致され（刑訴法203条）、送致を受けた検察庁では、24時間以内に裁判官に勾留請求しなければならず、それをしないと被疑者は釈放となります（同205条、なお、例外はある。同206条）。

　裁判官は速やかに勾留状を発しなければならず、ただ、その理由がないときは、直ちに釈放を命じなければなりません（同207条3項）。

　勾留の期間は、勾留請求日より10日（これは暦日です）以内ですが（同208条1項）、やむを得ない事由があるときは、10日（やはり、暦日です）を限度に延長ができます（同条2項）。勾留期間中に起訴しなければ、検察官は釈放しなければなりません（同208条1項）。

②　逮捕・勾留中の状況

　逮捕・勾留中は、弁護人ないし弁護人となろうとする者（弁護士）は、接見交通権が保障されていますが（刑訴法39条1項）、捜査のため必要があるときは、検察官等は接見指定ができ、接見交通権が制限されます（同条3項）。

　弁護人以外の私人も、少なくとも勾留中は接見交通権は保障されており（同207条1項で同80条が準用、逮捕段階の接見交通権は議論あり）、面会が可能ですが、法令の範囲内で許されることとなっています。

③ 確認するタイミングとやり方

　企業が逮捕・勾留中の当該社員に対し、その被疑事実の有無を確認したうえ、今後の身の処し方につき同社員に意思を確認したいと仮定し、対応の仕方を解説します。

　まず、企業の担当者が、②の弁護人以外の接見交通権に基づいて当該社員に接見することが可能であれば、直接、

- **被疑事実の有無**
- **自身の今後の身の処し方（自主退職する意思か否か）**

を確認できます。弁護人以外の私人が面会することが可能な状態か（②）は、その所轄警察署に電話等で連絡すれば、回答してくれます。

　弁護人以外の私人の面会が不可能なときは、弁護人に協力を求め、弁護人を通じて、上記2点の確認をすることになります。

　多くの刑事事件は自白事件なので、まず、被疑事実の有無は、容易に確認できます。ただ、できれば詳しく事実関係を確認し、情状も判断できるようにしたほうが対応の精度が高まります。

　次に、自主退職の意思については、退職する意向があり、かつ、ケースの内容からして懲戒解雇までしなくてもよいという場合であれば、当該社員に退職届を提出してもらいます。その場合、改めて、企業の担当者が面会に行って（面会できなければ、弁護人に依頼して）、勾留中の当該社員に退職届を書いて提出してもらいます。

　問題は、私生活上の非違行為が比較的重大な犯罪なのに、本人は退職する意思がないという場合です。懲戒解雇・普通解雇を強行したときには、私生活上の行為であること、比較的重大な犯罪とはいえ企業の名誉に与える影響の程度がそれほど大きくないこと、また勾留中欠勤であっても10日程度の欠勤日数であること等からして、懲戒解雇・普通解雇いずれの解雇も相当とはいえない、つまり解雇権の濫用となる可能性が高いといえます。せいぜい懲戒処分の中程度の処分（たとえば、出勤停止7日等）が相当ということになるで

しょう。

エ 設例8-①への対応

本設例のケースでは、事実関係の調査・確認に加えて、前記の懲戒処分や人事権を行使するにあたって重要な情状等を丁寧に集めて、慎重な総合判断が必要です。

この総合判断の結果、退職させるべし、となった場合でも、私生活上の非行での解雇は難しいので、退職勧奨して一定の条件を提示して退職させる（合意退職）方法が安全です（**書式45、46**）。

懲戒解雇または普通解雇あるいは合意退職にまでは至らない場合は、解雇以外の懲戒処分を行い、その場合、懲戒処分の中で始末書の提出を求めます（**書式43**）。

軽微で懲戒処分までに至らない場合でも、人事上の対応として顛末書か誓約書（**書式44**）を提出させるのが妥当です。

オ 設例8-②への対応

前述したとおり、問題社員への労務管理上の対応だけでは済まない問題です。対応すべきことを整理すると、次のとおりとなります。

① トラブル情報削除

SNS上の情報発信トラブルの拡大防止、沈静化を図るための対応として必須なのが、従業員が発信した情報を速やかに削除することです。削除するための方法としては、以下のようなやり方が考えられます。

- ・発信者である従業員に対する削除要請
- ・発信者以外の削除権限者（サイト管理者）)に対する削除要請
- ・裁判手続の利用

② 早期のプレスリリース

内容は次のことを入れるとよいでしょう（**書式50**）。

i 謝罪文

ii 問題発生の経緯と原因

iii 対応策

・（行為者の）懲戒処分

・損害賠償請求の予定の有無

・刑事告訴の予定の有無

・責任者の処分の有無

・食材の破棄、店舗の閉鎖等といった（会社の）事後対応

iv 再発防止策

③ 懲戒処分

私生活上の行為ですが、企業の事業活動に直接の関連性を有したり、企業の社会的評価の毀損をもたらせば、懲戒処分対象となります。次の基準で懲戒処分の有無と処分の選択をします。

・情報の性質・内容・重要性

・会社の管理体制

・外部への流出の有無・実害の有無

・投稿に至る経過・事情等

④ 損害賠償

損害賠償請求できる損害の範囲ですが、たとえば、アルバイト従業員が業務用冷蔵庫に入った写真を SNS に投稿した場合、清掃代金、食材等を廃棄した商品の代金相当額、入れ替えた冷蔵庫等の交換費用、店舗を一時閉店させたことによる休業損害は容易に考えられますが、その他にも相当因果関係の範囲内の損害、予見可能な損害であれば、損害賠償できます。ケースによっては、問題社員の支払い能力をはるかに超えます。

⑤　刑事告訴
　　・威力業務妨害罪・偽計業務妨害罪（刑233条、234条）
　　・名誉棄損罪（刑230条）
　　・侮辱罪（刑231条）

カ　設例8 −②の事態の予防の仕方

　設例8 −②のような事態は予防して発生しないようにするにこした
ことはありません。念のため、そのためにやるべきことを以下、示し
ます。
　①　就業規則への規定化
　②　懲戒処分の運用基準・方針の策定
　③　SNS ポリシー、SNS ガイドラインの策定
　④　教育（研修）の実施
　⑤　誓約書
以下、具体的に説明します。

①　就業規則の規定化および②懲戒処分の運用基準・方針の策定

　たとえば、**書式47**のような就業規則の規定例です。ただし、筆者
の経験上、従業員はあまり就業規則を読まず、特に問題を起こす従
業員は読んでません。よって、教育の実施や個別の契約書が、是
非、必要です。

③　SNS ポリシー・SNS ガイドラインの策定

　たとえば、**書式48**のガイドラインです。

④　教育（研修）の実施

　・内定者研修‥‥‥対象者：内定者

・入社時研修‥‥‥ 対象者：新入社員

・（入社後の）継続的な研修‥‥‥対象者：全社員（従業員）、子会社
　　　　　　　　　　　　　　　　　従業員も参加させる

＜研修の内容に盛り込むべきこと＞

a　**書式48**のガイドライン４（１）（２）をかみ砕いて（各項目
例を１つ２つあげて）説明する。

b　**書式48**のガイドライン違反の場合どうなるかを、具体的に説
明する。

・懲戒処分 or 普通解雇（解雇になりうること）

・損害賠償（金額もどのくらいになったりするか－会社の信用
棄損・株価暴落・顧客喪失による全損害を賠償請求される－
一生働いても賠償できない規模になる）、身元保証人（親や
兄弟）にも、損害賠償請求がされる

・自身のレピュテーションリスク（将来にわたって、「かつて
バイトテロをした人間」として、インターネット上に一生名
前が残る）も、しっかり説明する。さらには、レピュテー
ションは、自分だけではなく、家族（兄弟とか）にも影響が
生じ、再就職活動、結婚等に悪影響が生じかねないことを、
強く説明する

・名誉棄損罪、業務妨害罪等の犯罪が成立しうる

⑤　**誓約書**

たとえば、**書式49**です。

筆者は、上記③**SNS ポリシー、SNS ガイドライン**をつくり、これ
を使って④**教育（研修）**を行い、その結果で⑤**誓約書**の提出をさせる
のが一番効果的と考えます。そして、研修で行った内容はイントラ
ネットに掲載して、従業員がいつでも見れるようにしておくとよいで
す。

第**4**章

余剰人員への対応

はじめに

　余剰人員は、景気の変動、当該企業の再編・業績の悪化により、不可避的に発生します。その場合、余剰人員を抱えたまま経営していては、人件費が収益を圧迫し、必要なところに資金がまわらなくなり、ますます競争力が失われます。大切な戦力を残しながら毅然と余剰人員を減らし、余分な人件費を減らす対応が必要となります。

　ここ最近では、業績の悪化がなくても企業体質（競争力）を強化するため人員を削減する動きも出ています。いわゆる黒字リストラです。これは背景事情の説明が必要です。経済がグローバル化し、企業は国境を越えて日本企業もグローバル事業展開する時代です。市場がグローバル化して世界市場となり、世界各国の企業が国籍に関係なく競争する時代です。かかる市場での競争を勝ち抜くには、企業体質（競争力）を強化する必要があります。高い生産性と市場適応能力を備えた企業になる必要があります。そのために企業組織を高い生産性と市場適応能力を備えられるよう再構するのです。

　これまでの余剰人員削減を赤字リストラと呼び、ここ最近の人員削減を黒字リストラと一応呼びます。それぞれ、どこまで可能で、どういうことに留意したらよいかをまずは赤字リストラについて解説します。

1 赤字リストラのやり方の概要

　対応の仕方ですが、労務リスクを考えたときは、外部労働力の削

減、すなわち、

A．業務請負契約の終了

B．派遣契約の終了

を最初に行います。これらは、請負企業（A）、派遣元企業（B）とのいわば商取引の終了なので、当該契約（A．請負契約、B．派遣契約）所定の終了事由に則って、終了は容易です。

　外部労働力の削減によってもまだ余剰人員があれば、次に、同一企業グループ内への再配置、すなわち、

C．関係企業、子企業への出向・転籍

D．（同一企業内の空ポストへの）配転

を検討します。ただし、C．転籍は、転籍時点での個別同意が必要なので、これを得るため、希望退職の募集と同じような発想で転籍パッケージを提示することが必要になります。

　同一企業グループ内への再配置（C、D）をしてもまだ余剰人員があるときは、

E．有期労働契約の終了

F．正社員への希望退職の募集

をし、最後に、

G．正社員の整理解雇

を検討します。G．整理解雇を最後にするのは、争われたときの勝率が低く（概ね30％以下）、しかも訴訟になれば莫大な手間がかかるからです。

　ただ、E．有期労働契約が、更新が繰り返されて期間の定めのない労働契約と実質的に異ならない状態の場合には、正社員より先に削減することは難しいといえます。むしろ正社員と同様に、

F′　有期労働者にも希望退職の募集

をし、最後に

G′　雇止め

をすることになるでしょう。

そこで本章では、まずF（F´）. 希望退職の募集、次にG．整理解雇、雇止め（EないしG´）の順で解説します。

また、外資系企業などでは、多くの労働契約が職種限定（特定）契約であるという特徴から、全社員宛の希望退職の募集を行うのではなく、部門の削減に伴って個別の退職勧奨を行うことが多いです。そこで、この企業側の事情による個別の退職勧奨（Fの変形）を、希望退職の募集の後に解説します。

Ⅳ－1　赤字リストラの余剰人員への対応の順序のまとめ

```
A．業務請負契約の終了
B．派遣契約の終了
        ↓
C．関係企業、子企業への出向・転籍
D．（同一企業内の空ポストへの）配転
        ↓
E．有期労働契約の終了
F．正社員への希望退職の募集
G．正社員への整理解雇
   ただし、Eが期間の定めのない労働契約と実質的に同じなら、
   正社員と同様に、F、Gを行う。なお、外資系企業では、Fは
   個別に行う。
```

② 黒字リストラのやり方の概要

「黒字リストラでも人員削減ができるか」と問われれば、できるけれど人員削減するための選択手段は赤字リストラより少ない。しかも、その少ない手段に工夫が必要、ということになります。日本企業が、米国など解雇自由の原則の国の企業と国際市場で競争するうえでは、筆者は黒字リストラも組織強化のため積極的に使うべきと賛成します。

では、上記①と比べて、選択できない手段は何で、選択した場合

にその手段に工夫が必要としてその工夫とは何でしょうか。

上記 1 のうち、

A．業務請負契約の終了

B．派遣契約の終了

C．関係企業、子企業への出向・転籍

D．（同一企業内の空ポストへの）配転

は、自由にできます。赤字だろうが黒字だろうが関係なくできることです。なぜなら、A、Bは通常の商取引、C、Dは、業務上の必要があれば可能で、この業務上の必要に赤字であることは必要ではないからです。

次に、

E．有期労働契約の終了

F．正社員への希望退職の募集

G．正社員の整理解雇

のうち、E、Gは使用者が一方的に行うものゆえ、大幅に制限を受けます。すなわち、Eでは、雇止めに合理的理由が必要（契約法19条1号でも2号でも）ですが、赤字リストラでは赤字が理由に使えたのに、黒字リストラでは使える理由はそれ以外に求める必要があります。Gの整理解雇に至っては、赤字であっても条件（素）を満たすのが難しいくらいなのに、黒字では整理解雇を有効とする客観的合理的理由と社会通念上の相当性ありといえる事例は、なかなか見つけられません。

他方、Fでは、その本質が合意退職なので労使双方合意すれば成立するので、黒字リストラでも可能です。ただ、黒字なのに、労働者（従業員）に自分が退職するのに納得させることは、通常は難しいです。よって、手段としては選択できるけれど、応募してもらうためには工夫が必要になります。

また、黒字リストラでは、「今後の当該企業を取り巻く経営環境の下での最適（最強）組織化のためリストラ」である以上、A～Dで

あっても、直接雇用している労働者（従業員）より業務請負や派遣で
やってもらったほうが、より生産性が高いと考えられることもあります。したがって、Ｆとは順番の前後はないと考えます。つまり、

　　Ａ．業務請負契約の終了
　　Ｂ．派遣契約の終了
　　Ｃ．関係企業、子企業への出向・転籍
　　Ｄ．（同一企業内の空ポストへの）配転
　　Ｆ．正社員への希望退職の募集

は同列で、最適（最強）組織化のために実行する、ということになります。なお、Ｅは、当該有期労働契約の更新への合理的期待が弱い場合は、人員削減（リストラ）の手段として加えてよいし、Ｇも、職種または地域限定の従業員である場合、その職種または地域の客観的事情により消滅した場合などは、やはり最終的に整理解雇も可能と考え、手段に加えてよいと考えています。

　本章は、１〜４で赤字リストラのやり方の解説後、５で黒字リストラのやり方の留意点を解説します。

希望退職の募集

　希望退職の募集は、多くの企業で余剰人員の削減（スリム化）の方法として使われます。不況の時期になると、新聞等でどこどこの企業が何百人募集という記事が、多いときは1か月に何度も報道されるほどです。

1　法的性格

　希望退職募集というのは、法的には、労働契約の終了事由の1つである労働契約の合意解約です。すなわち、通常、企業が希望退職を募集するのが退職申込の誘引行為であり、社員の応募は退職申込の意思表示であり、企業がその応募を受け付けるのはその承諾であって、労働契約の合意解約はこの時点で成立します（Ⅵ－2）。

Ⅵ－2　希望退職募集の法的性格

手　続		法的性格
企業側	社員側	
• 希望退職の募集の発表		退職申込の意思表示を誘引する行為
• 面接期間		
• 募集期間		応募：退職申込の意思表示
受付 ◄――――――応募		受付：承諾の意思表示
		→労働契約の合意解約成立
		ただし、退職の効力は、所定の
• 退職日		退職日に発生

ただ、注意すべきは、希望退職の募集を、募集の際に退職の申込みをした社員の退職届を無条件で受け付ける前提で実施すると、希望退職の募集そのものが労働契約の合意解約の申込み（誘引行為でなくなる）で、社員の応募がその承諾であるとして、労働契約の合意解約がこの応募の時点で成立した、と裁判所で判断される可能性があります。

　そこで、希望退職の募集を発表する際、対象者の箇所に「当社社員のうち、当社が認めた者」と必ず記載しておく必要があります。

　希望退職の募集では、通常、退職加算金を支給しますが、これは社員から退職申込を引き出すための上乗せ条件です。また、退職の効力発生時期は、引継ぎ等の関係から2週間〜1か月くらい後の日を退職日として定めるのが通常です。

2　メリット・デメリット

　希望退職の募集は、利用頻度の多さからも明らかなとおり、余剰人員への対応として最も合理的で企業リスクの低い方法です。以下、メリットとデメリットを簡単に説明します。

ア　メリット

　メリットの第1は、人件費の削減ができることです。この点は説明の必要はないでしょう。

　第2は、リスクの低さです。希望退職の募集は労働契約の合意解約であり、社員が納得して辞めるので、退職が争われるリスクが低いのです。

　第3は、スピードです。発表から退職まで通常1か月程度であり、短期間で多くの余剰人員が解消できます。

　第4は、希望退職の募集の仕方次第で、企業に残ってもらいたい人

とそうでない人の選別ができる点です。つまり、第1のメリットとしてあげた人件費の削減は、単純に費用が減るということですが、ここであげるメリットは、その削減される人員＝非戦力、企業に残る人員＝戦力という選別が達成できるということです。

イ　デメリット

デメリットの第1は、一時的にお金がかかることです。規定退職金に退職加算金を上乗せする希望退職の募集では、当然その余分な人件費が発生します。ただ、中長期的にみた場合、人件費の削減になることは間違いありません。たとえば、退職加算金を1年分の年収とした場合でも、余剰人員は当該企業の生産活動に加わっていないので、単純に考えて、2年目以降はプラスになります。

第2は、退職加算金に釣られ優秀な社員が退職する可能性があることです。希望退職の募集は労働契約の合意解約ですから、企業側で同意しなければよいともいえますが、一度応募すると、企業に対する忠誠心は低下し、信頼関係も傷付きます。そこで、企業が残ってもらいたい優秀な社員を残す工夫が必要となります。

Ⅳ－3　希望退職募集のメリット、デメリットのまとめ

メリット	デメリット
◎　人件費の削減 ○　リスクの低さ ○　スピード ◎　戦力・非戦力の選別が可能	○　一時的に余分な人件費が発生 ◎　優秀な人材が流出しやすい

ウ　まとめ

以上のメリット、デメリットからも明らかなとおり、メリットはきわめて大きく、逆にデメリットは工夫次第でリカバリーが可能ともい

えます。希望退職の募集が多くの企業において採り入れられている理由が、ここにあります。

3 設 計

設計は、前記2のメリットを最大化し、デメリットを最小化するよう徹底して考えることにつきます。

ア 失 敗 例

新聞等で、○○企業で希望退職の募集を募ったところ初日の午前中で募集人数に達した、という記事が載ることがあります。

しかしそれは、その企業が希望退職の募集に成功したということではありません。むしろ、成功していない可能性が高いです。なぜなら、募集期間を、たとえば1週間など一定期間設定していたのに、初日の午前中で募集人数に達するというのは、退職加算金の金額が適正な水準以上であった可能性が高く、もしそうであれば、不必要な人件費が支出されたことになります（2イのデメリットの第1の点）。

また、応募した社員に当該企業が必要とする人員が多数含まれている可能性が高いです。優秀な人材ほど転職が容易なため、高い退職条件に応募しやすいからです。

したがって、スリム化した後の組織で戦力と見込んでいた社員が応募した可能性が高く（2アのメリットの第4の点、2イのデメリットの第2の点）、かなり疑問のある応募状況といえます。

イ 成功のポイント

希望退職の募集において、人件費の削減（2アのメリットの第1の点）はいわば消極的な目的で、積極的な目的は、スリム化する組織に戦力と見込んだ社員が残り、他方、非戦力は退職することで、当該

企業を筋肉質の強靱な組織にする点にあります（②アのメリットの第4の点）。

　つまり、希望退職の募集によって頭数は減り人件費はたしかに削減されたけれども、戦力と見込んでいない社員だけ残ったというのでは、失敗といわざるを得ません。単純な人件費の削減にだけ注意を払うのは、希望退職の募集の最も重要な点である「組織がスリム化し、戦力と非戦力の選別によって、戦力だけの筋肉質の組織に生まれ変わること」という認識が抜け落ちており、間違いです。意外なことに、希望退職の募集を実施する企業にも、この点を意識していない企業が多いのです。この点は最も重要なポイントであり、それを押さえて設計し実施したか否かで、後々の企業業績に大きな差異が出てきます。

　改めて、希望退職の募集において、余剰人員削減による人件費の削減というのは消極的な目的に過ぎず、むしろ組織を戦力・非戦力の選別によって筋肉質にすることこそが積極的な目的である、と強調しておきます。

Ⅳ-4　希望退職募集の目的

- 戦力・非戦力の選別によって組織を筋肉質にする
  → 　積極的な目的
- 人件費の削減　→　消極的な目的

④　実施スケジュール

　当該企業が余剰人員を削減することを決定してから、希望退職募集を実施し応募した社員が退職するまでは、通常、1〜2か月程度です。希望退職募集のメリットの1つとして、スピードの点で優れていることがあげられるのは、前述したとおりです。

　もっとも、希望退職募集の設計（準備）と実施には、短期間のうち

に多くの作業が必要です。

　そこで、余剰人員を削減することを決定し、その手段として希望退職募集を選択したときは、まずは作業に遺漏のないようにスケジュール表を作成してください。

　具体的には、**書式52**のように、年月日を①対外対応、②企業内対応、③①、②で使用する文書（使用目的を明確化）、④備考、で整理し作成すると、いつ、何をするのかが明確になってよいでしょう。

5　準　　備

　スケジュール表にある各プロセスに必要な書類を作成し、その退職条件を決定していきます。

　以下では、希望退職募集を実施するうえで検討すべき事項について説明します。

❶　設計その１　〜内容面

ア　対象者の範囲

①　限定するにあたっての一般的注意

　まず、希望退職募集の対象となる社員の範囲を限定するか否かです。希望退職の募集は、制度として労働契約の合意解約を実施するものであって、個別の退職勧奨ではないので、特定の社員だけを対象範囲から外すことはできません。あくまで一定のグループを単位として対象とするか否かを決めます。

　なお、企業によっては、人件費の削減を第１の目的として希望退職募集を実施するものもあります。このような企業では、対象者をどの範囲とするのかについて悩むことはなく、社員全員を対象にすればよいでしょう。

② 実際の例

　希望退職募集の目的として戦力・非戦力の選別の点を重視すれば、戦力が多く含まれている部門・年齢層を対象から外すことが考えられます。よく行われるのは、たとえば30歳未満など、若年層を対象から外すことです。その他、事業場ごとの独立性が強い企業において特定の事業場を閉鎖する場合、対象者を当該閉鎖する事業場の社員に限定することもよく行われます。

　また、私傷病休職者や出向者を対象とするかの問題もあります。戦力・非戦力の選別の点を重視する考え方からは当然に、また、人件費の削減の点を重視する考え方からも、対象とすることに異論はないはずです。

Ⅳ－5　対象範囲の線引き…（例）A部門とB部門の40代以上を対象にする

部　門	A部門			B部門			C部門			本　社	
年齢層	製造	営業	間接	製造	営業	間接	製造	営業	間接	営業	間接
50代	■	■	■	■	■	■					
40代	■	■	■	■	■	■					
30代											
20代											

③ 同一職場内での対象者の限定の可否

　問題は、同じ職場の中でも、たとえば本社で経理、総務といった間接部門の人員だけを削減し、営業部門の人員は減らしたくないという場合（あるいは逆）、間接部門のみを対象とすることができるかです。

　結論からいえば、法的には可能ですが、職場のモチベーションへの影響をよく見極める必要があります。

　希望退職募集の本質は労働契約の合意解約ですから、企業と社員のそれぞれの自由意思が前提となります。企業には、労働契約の合

意解約の条件を設定する自由と、社員からの申込みに対し承諾するか否かを決める自由があります。対象者の範囲を決めることは、このような企業の合意解約の条件を設定する自由の一内容と考えられるのです。

　ただ、法的には可能でも、同じ職場で希望退職募集の対象者とそうでない者が混在している状況が少なくともその発表から退職日までの1〜2か月続くことにより、当該職場へ悪影響を及ぼすことが考えられますので、慎重に判断する必要があります。すなわち、対象となった範囲の社員は自分たちだけ退職を促される感じを受け、企業は自分たちの職種を重要でないとみていると考えてモチベーションが落ちることが想定されるのです。

　他方、対象とならなかった範囲の社員からは、対象者には通常の退職と異なる上乗せ条件が用意されていて不公平ではないか、と感じる者もいるかもしれません。上乗せ条件が良ければなおさらそう感じる社員が多いものと思われます。

　つまり、法的には可能でも、政策的には問題をはらむ可能性が高いので、同一職場内で対象者を限定する場合は、対象となるグループとならないグループのそれぞれにとって十分納得のいく線引きかをしっかり見極めることが大事です。いくら戦力・非戦力の選別の点から対象を限定しても、その結果社員のモチベーションが落ちては、元も子もないのです。

イ　規定退職金と退職加算金

①　規定退職金

　規定退職金とは、退職金規程に基づいて社員がいわば既得の権利としてもらえる退職金のことです。

　退職金規程では、通常、自己都合と企業都合で退職金の計算式を別にしており、後者を高額としています。これは功労報償的な面を

退職金の設計に反映させたものです。

　そこで、希望退職の募集に伴う退職が、自己都合か企業都合かを確定しておく必要があります。退職金規程で、どのような場合が自己都合か企業都合かが事由ごとに明記されているものもありますが、希望退職の募集に伴う退職まで明記しているものはほとんどありません。

　そこで、退職金規程を解釈して、企業都合あるいは自己都合のどちらに準じて計算するのかを決めます。ただ、一般的には、企業都合で計算する例が多いです。

② 退職加算金の設計

　退職加算金は、規定退職金に加えて、あるいは別に、今回の希望退職の募集において支給される退職金のことです。

（i） 設計のポイント

　問題は、その設計、つまり、どの層にいくらの退職加算金を支給するかです。この設計次第で希望退職募集の成功、失敗が決まります。慎重に時間をかけ、いくつものシミュレーションをして検討してください。以下、考えるポイントを説明します。

　まず視点として、戦力・非戦力の選別を重視すれば、退職加算金の設計は、戦力層には薄く（退職を希望しにくくする）、非戦力層には厚く（退職を希望しやすくする）、という考えになります。

　そこでまず、当該企業においてスリム化後の組織で戦力となる人と非戦力の人とを区別する作業が必要になります。これは、退職加算金を設計するうえでの情報分析が不可欠であり、その分析の一環として行うものです。社員名簿をもとに、それぞれ社員の職務遂行能力をよく知る人の意見を聞いて、その作業をします。

　次に、それを基に、どの年齢層に戦力が多いのか、逆にどの年齢層に非戦力が多いのかを確認します。また、扶養家族の有無等も確

認します（これは扶養手当の制度のある企業では明確にわかります）。これは、非戦力の人が退職を決断するのに躊躇する事情があるかを、あらかじめ把握するためです。

　そのうえで、退職加算金の設計をします。ただ、退職加算金の総原資には、たとえば10億円というように、通常、限度がありますので、それを戦力層の多いところに薄く、非戦力層に厚く配分します。

Ⅳ－6　退職加算金の設計のポイント

社員名簿をもとに戦力・非戦力を選別する
　　　↓
非戦力層の年齢層等の分布を分析する
　　　↓
退職加算金の設計（非戦力層に厚く）原資の限度からの制約
（例）
　　　A　基本給に年齢別、勤続年数別係数を掛ける計算
　　　B　扶養家族の有無を計算式に反映させる計算
　　　（なお、定年近い社員の退職加算金は、別途計算）

　以下、退職加算金を設計する際によく使われる計算式を説明します。

A　基本給に年齢別、勤続年数別係数を掛ける計算

①　月例給与のうち、職務手当および生活手当を除いた基本給を退職加算金の計算ベースにするのが多く見られます。もちろん、職務手当、生活手当等をベースに加えても、法的には何ら問題はありません。現に、一定の手当も加えて退職加算金のベースにする例も見られます。要するに、希望退職募集の対象となる社員の納得感を尺度に、何をベースにするのが妥当かを考えればよいのです。

② 年齢別係数は、たとえば次のようなものです。

```
40歳以上55歳未満        基本給×３か月
30歳以上40歳未満        基本給×２か月
30歳未満               基本給×１か月
```

通常、企業の多くは年功型賃金制度を採っていますから、人件費削減の観点からも、戦力・非戦力選別の観点からも、一般的には年齢の高い層が人件費抑制的効果は大きく、非戦力層が多く分布しています。

そこで、上記の例のように、年齢別に係数に段階をつけます。

③ 勤続年数別係数は、たとえば次のようなものです。

```
勤続年数15年以上          基本給×４か月
勤続年数７年以上15年未満    基本給×３か月
勤続年数３年以上７年未満    基本給×２か月
勤続年数３年未満          基本給×１か月
```

単一の企業が年功型賃金制度を採っていれば、上記②の基準の他に勤続年数を基準にする意味はありません。

意味があるのは、

- 中途採用を多く行ってきた
- 他企業と何年（何十年）前に合併した
- 他企業から何年（何十年）前に事業譲渡を受けた

というケースです。

その場合、上記②の基準だけでは、希望退職募集の対象となる社員の納得感が得られない可能性が高いので、さらに勤続年数別の退職加算金を設定します。

B 扶養家族の有無を計算式に反映させる計算

離職による打撃は、扶養家族の多い社員のほうが当然深刻です。そこで、たとえば次のように、その点を計算式に反映させることで、企

業はこれらの社員のことを考慮しているということ（もっとも、退職してもらいたいという考えの下にですが）を認識してもらうのです。

```
①  配偶者の扶養家族がいる場合
   一律100万円
②  ①以外の扶養家族がいる場合
   1名につき50万円
```

C　定年近い社員の退職加算金の計算

　これは、たとえばあと〇か月、あるいは1年〇か月で定年退職する社員の退職加算金をどう設計するかという問題です。希望退職の募集の対象者から除くのも1つの方法ですが、それはわが社の文化に合わないというのなら、対象者に入れながら、退職加算金の計算式を他の社員に比べ低く設定します。計算式の方法としては、典型的には、次の2例があります。

```
①  残存期間　×　0.X
   と、割合で設定する計算式
②  59歳　　　　基本給×1か月
   58歳　　　　基本給×2か月
   57歳　　　　基本給×3か月
   と、定額で設定する計算式
```

　退職加算金の設計は、そのシミュレーションを何通り、何十通りもして繰り返し検討してください。もっとも、希望退職募集の本質は労働契約の合意解約ですから、退職するか否かは当然社員の自由意思に基づきます。企業にとって都合のよい人（非戦力とみなした人）から退職の申込みがされるという保障はありません。

　また、実際に支給される退職加算金が総原資の枠を超えないかどうかは、それこそ実際に希望退職の募集を実施してみないと正確にはわかりません。シミュレーションの金額はあくまで予想値でしか

ないので、そのことを社内（社長、役員、経理部長等）に誤解のないよう理解させる必要があります。

（ⅱ） 早期退職者優遇制度との関係

　企業によっては、定年前の早期退職者に対する支援として、規定退職金に加えて（早期）退職加算金を支給する制度（早期退職者優遇制度）を恒常的な制度として設けています。

　このような制度のある企業において希望退職を募集する場合は、その退職加算金が早期退職者優遇制度の内容を上回る水準にならないと、応募者が出てきません。

　また、この早期退職者優遇制度の退職加算金と希望退職募集における退職加算金の関係についても、社員に誤解のないように明確にしておく必要があります。つまり、希望退職の募集においては、恒常的な制度である早期退職者優遇制度における退職加算金に加えてさらに加算金を支給するのか（**Ⅳ－7**のＡパターン）、別の制度と

Ⅳ－7　早期退職者優遇制度がある企業の退職加算金設計のポイント

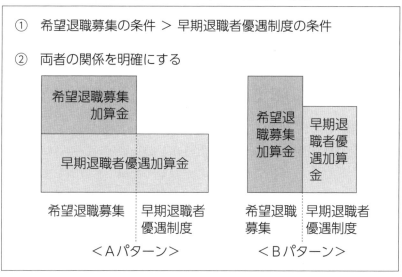

して退職加算金を支給するのか（同Bパターン）を明確にするということです。

（ⅲ）　設計した退職加算金の意味

　　希望退職募集の条件である退職加算金は、当然のことながら、当該希望退職の募集に限ったものです。当該希望退職募集の期間が終了すれば、その条件も喪失します。したがって、何年か後に当該企業で再び人員削減が必要になったときでも、その時点の当該企業の経営状況、退職加算金の相場等を考慮して改めて退職加算金を設計することで、法的には何ら問題ありません。

　　ただ、社員から見れば、過去に企業が実施した希望退職募集の条件は頭に入っていますので、何年か経過した後の希望退職募集の実施において、法的には問題がないとしても以前の条件より低くなれば、応募者の人数に影響があるのも事実です。

　　したがって、少なくとも、遠くない将来に人員削減の可能性があることが否定できないのであれば、今回頑張って退職加算金をよくすることは、将来人員削減が必要になった際、今回の水準に引きずられ苦労することになりかねません。この点は注意する必要があります。

ウ　募集人数の設定

①　募集人数を明確に設定する意義

　　募集人数を明確に設定するかどうかということは、意外に重要なポイントです。「募集人数100名」と設定した例で、説明します。

（ⅰ）　企業から見た場合
A　達しない場合
　　希望退職募集を実施したにもかかわらず募集人数に達しない場

合、たとえば48名しか応募してこないようなときは、どのような展開になるでしょう。

　この場合、普通は第二次希望退職募集を実施します。ただし、第一次募集より退職条件を絶対に上げられないので（上げてしまうと、社員は応募しないで待っていればさらに良い退職条件になるものと期待し、いつまでも応募してこなくなってしまいます）、通常は第一次募集より条件を下げて実施します。応募者は当然、第一次募集よりも少なく、たとえば20名等になります。そこで、まだ募集人数に足りないので、企業は第三次募集を実施するか、整理解雇をするかの決断を迫られます。

　つまり、希望退職募集も整理解雇もどちらもしないということはできません。なぜなら、そんなことになれば、「当該企業は余剰人員を解消できなかった」と外部から評価されて、信用が落ちるからです。

B　オーバーする場合

　Aとは逆に、応募人数が100名を超えれば、基本的には100名に達した段階で打ち切らざるを得ません。これではせっかくの人件費削減のチャンスを失うことになります。

　このように、明確な募集人数を設定することは、企業が自らの手足を縛ることになるのです。

（ⅱ）　社員、組合から見た場合

　明確な募集人数の設定は、社員や労働組合にもプレッシャーになります。

　社員、組合から見れば、募集人数に達しなかった場合、企業が整理解雇をしてくるのではと警戒・緊張することになります。特に、希望退職募集の際の社員、組合宛の説明文書に、企業は人員削減に「不退転の決意」であるとか、「募集人数に達しなければ指名解雇（整理解雇）も検討せざるを得ない」といった文章が入ると、社員

や組合はかなり警戒・緊張して真剣に希望退職募集の退職条件の交渉等の対応をしてきます。

（ⅲ）　まとめ　～募集人数を明確に設定する意義

　　以上、明確に募集人数を設定することは、企業からすれば、社員や組合に削減の数値目標を明確にし、達しない場合には整理解雇もありうるとの強い姿勢を示すメリット（プラス）、他方、数値に達しなければ、さらに希望退職の募集をするか、整理解雇に踏み切るかを判断しなければならず、自らを縛ることになるというデメリット（マイナス）の両方あります。これらの両面を認識したうえで、

Ⅳ－8　募集人数を明確にするか否かのポイント

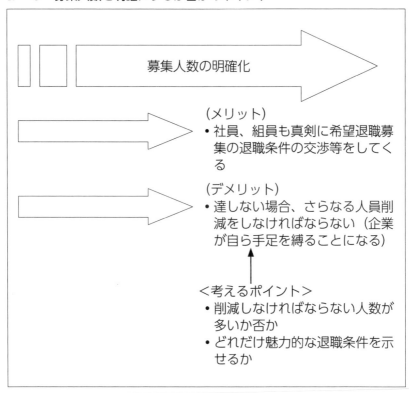

募集人数の明確化

（メリット）
• 社員、組員も真剣に希望退職募集の退職条件の交渉等をしてくる

（デメリット）
• 達しない場合、さらなる人員削減をしなければならない（企業が自ら手足を縛ることになる）

＜考えるポイント＞
• 削減しなければならない人数が多いか否か
• どれだけ魅力的な退職条件を示せるか

募集人数を設定する必要があります。

②　募集人数を明確に設定しない方法と意義

（ⅰ）　まったく設定しない方法

　　募集人数を公表しないという方法もあります。そのメリット、デメリットは、前記の募集人数を明確に設定するメリット、デメリットの逆になります。つまり、企業は自ら縛られることはありませんが、社員や組合のほうも緊張感がなくなるということです。

（ⅱ）　設定するが明確にしない方法

　　募集人数の設定の仕方を工夫して、「100名程度」、あるいは「70名以上」という表示をする方法もあります。

　　まず、「100名程度」という表示は、この「程度」という文言をつけることで、多少の募集人数の未達でも、企業として次の対応をしなければならない状況に追い込まれないで済むことになります。また、応募人数がオーバーしても、受け付けられる余地が残ります。

　　次に、「70名以上」というのは、100名削減したいが自信がないといった場合に、低めに設定して「以上」とつけることで、それ以上の応募人数を吸収することを意図するものです。

　　ただ、「程度」や「以上」などの文言をつけると、企業としての人員削減の決意が弱く伝わる点がデメリットです。

③　募集人数を設定する際のポイント

　　要するに、募集人数を明確に設定するメリットはぼかすことのデメリットであり、また、募集人数を明確に設定するデメリットはぼかすことのメリットであり、両者は反比例の関係にあります。

　　そして、募集人数を何人とするか、そしてそれを明確にするのか、ややぼかすのか、あるいは明確にしないのかは、

　　　・　**削減しなければならない人数が多いか否か**

・　企業が提示できる希望退職の募集の条件（パッケージ）がど
れほど社員にとって魅力的か否か

　以上の２点によって、上記募集人数を明確に設定することのメ
リット、デメリットをよく考慮して決めることになります（Ⅳ－
8）。

エ　経過賞与

①　問題の所在

　ほとんどの企業では、賞与については就業規則（賃金規程ないし
賞与規程）に支給日在籍要件の定めがあり、支給日に在籍した者で
ないと支給されないこととなっています。つまり、企業では通常、
夏・冬の２回、それぞれ査定期間を、たとえば夏季賞与は前年12月
から当年５月、冬季賞与は当年６月から同11月までとし、その間の
企業の業績と社員の職務遂行を査定したうえで金額を決定し、支給
日（夏季賞与であれば７月○日、冬季賞与であれば12月○日という
ように、設定された査定期間後の日）に在籍する者に支給するので
す。

　この支給日在籍要件自体は、賞与が実質（査定期間の）賃金たる
性格があるとしても、法的には任意の制度であってその設計は当該
企業の裁量を尊重すべきことから、有効とするのが判例（大和銀行
事件　最一小判昭57.10.7他）です。

　ただ、希望退職募集に応募した場合の退職日が、賞与の支払日よ
りも前でかつ近いと、応募人数に影響します。

　たとえば、企業の夏季賞与の査定期間が前年12月１日から当年５
月末日、支給日が７月１日という場合に、希望退職の募集を４月１
日に発表し、５月末日が退職日（Ⅳ－9）というのは、社員から見
れば、希望退職募集に応募すれば夏季賞与の支給はないわけですか
ら、希望退職募集で提示された退職加算金と、夏季賞与額＋雇用の

継続を天秤にかけて判断することになります。

Ⅳ－9　経過賞与の検討　その1

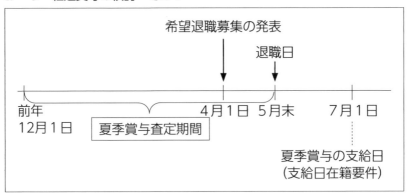

　他方、希望退職募集における退職日が、賞与の支給日より後です
でに支給済みの場合は、応募人数への影響を別段考えなくてよいこ
とになります。たとえば、先の例で希望退職募集を7月1日に発表
し、8月末日が退職日（Ⅳ－10）であれば、夏季賞与が支給されて
間もない時期ですから、はるか4～5か月先の12月に支払われる冬
季賞与まで考慮して応募するか否かを考える社員は、たとえ冬季賞

Ⅳ－10　経過賞与の検討　その2

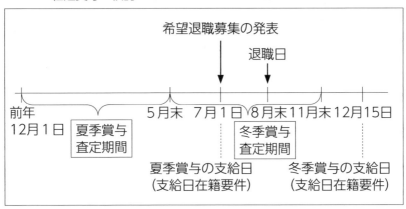

与の査定期間に入って働いていたとしても少数でしょう。したがって、この時期の希望退職募集の設計では、経過賞与は支給せず、退職加算金の数字を充実されることに神経を集中することになるでしょう。

　以上、希望退職の退職日が、賞与の支給日よりも前でかつ近いという場合、経過賞与の支払いを検討する必要が生じます。

②　経過賞与の考え方の整理

　希望退職の退職日の時点で、当該賞与の査定期間を経過して支給日だけが未到来の場合には、当該賞与の査定期間分を満額支給する例が多いと思います（Ⅳ−11の「５月末の場合」）。

　ただ、賞与の金額を査定で決定する企業の場合、どのように経過賞与の金額を決定するかが問題となります。これは、希望退職募集に応募する社員がどのような計算をすれば納得するか、という視点で考えます。

Ⅳ−11　経過賞与の検討　その３

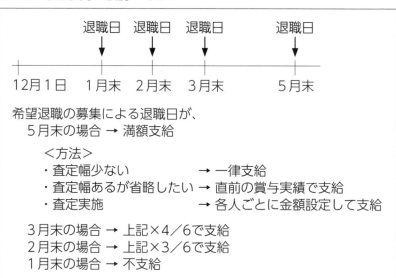

たとえば、査定をしていても賞与金額への反映が少ない（月例給×３か月を基準にして、±0.5か月を査定する）企業では、査定をせずに一律３か月分を経過賞与とする、とすればよいでしょう。査定が賞与金額への反映が大きい企業でも、査定は面倒なので避けたいのであれば、各人の直前の賞与実績（たとえば夏季賞与について考える場合、夏・冬が同じ支給基準なら冬季賞与支給実績、同じでなければ前年夏季賞与支給実績）で支給する方法があります。

それでは社員の納得感がなく実際に査定をしないとダメというのであれば、希望退職募集手続と平行して査定し（先のⅣ－９の例でいえば、退職日が査定期間の最終日なので、すべての査定期間を評価し尽くすことはできませんが）、経過賞与の各人ごとの金額を決定するということになるでしょう。

次に、希望退職の退職日が当該賞与の査定期間途中の時期となる場合（Ⅳ－11の「５月末の場合」以外の場合）には、この査定期間の経過賞与を支給するか否かを判断します。退職日時点で査定期間の半分以上が経過していれば、それに相当する分を支給するのが妥当と思われます（Ⅳ－11）。ただ、それは、希望退職の募集を実施する当該企業の裁量に属する問題です。

オ　年次有給休暇

①　問題の所在

退職日時点で残っている年次有給休暇を買い上げるかどうかを検討します。これは、買い上げずに応募者が残った有給休暇を消化した場合、引継ぎに支障が生じるためです。つまり、年次有給休暇の買上げは義務ではなく、政策として検討するのです。

希望退職の募集においては、発表から退職日までは１～２か月となっています。期間が短いのは、職場のモチベーションの低下を最小限にするため、短期で完結させる必要があるからです（反面、こ

のスピードがメリットの1つであることは、前述したとおりです）。

その結果、希望退職募集に応募した社員は、退職日まで1か月を切っており、残った年次有給休暇を消化されると（一般に、退職届を当該企業に提出した瞬間、当該企業への社員の忠誠心は低下します）、引継ぎに支障が生じることになるのです。

②　買上げの適法性と買上げを行うかの判断

退職する社員に引継ぎをしっかりやってもらうため、通常、退職日に年次有給休暇が残っていた場合、その残った日数を買い上げます。

この買上げを正確に解説すると、次のとおりです。

年次有給休暇は、社員が使用する可能性があるのに買い上げるのは違法（労基法39条違反）です。法定の年休権は、労基法で最低限の基準として強行的に社員に付与されたものだからです。買い上げるのは、退職日に取得せずに残った年休です。退職日に残った年休は、もはや行使し得ない以上、それを買い上げても社員の年休権を金銭で剥奪することにはならず、違法ではないのです。つまり、希望退職の募集に応募した社員が退職日まで年次有給休暇を取得せずに引継ぎを実施した結果、退職日に年次有給休暇が残った場合は買い上げますよ、というものです。

Ⅳ－12　年次有給休暇の買上げのイメージ

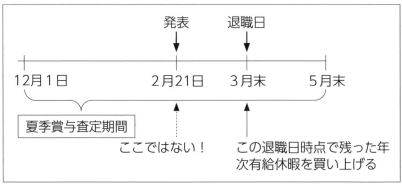

③　買上げ単価と上限

　次に、年次有給休暇の買上げ単価の決定と、買上げ日数に上限を設けるかを検討します。退職日に残存する年次有給休暇は、退職日を過ぎることによって消滅するものなので、買上げは違法でないとともに、企業に買上げ義務があるものではないので、

- **いくらで買い上げるか**
- **何日を限度に買い上げるか**

といった買上げ制度の設計は、企業の裁量に属するのです。

　それを行うにあたっての視点は、言うまでもなく、引継ぎへの影響です。したがって、①各人の残存年次有給休暇日数を確認し、②①のうち、引継ぎに必要な社員の分布を分析して、検討します。たとえば、引継ぎに必要な社員が主に若手であれば、なにも有給休暇の単価を各人の通常賃金とする必要はなく、一律１万円としてもよいのです。

　また、買上げ日数についても、引継ぎ要員の残存有給休暇日数を見て、必要な限りで買い上げればよいのです。たとえば、20日を限度として買い上げる、というのでもよいのです。

Ⅳ－13　買上げ制度の設計ポイント

```
残存する年次有給休暇を買い上げるか否かを決定する
        その場合、次の順に検討
          ①　各人の残存年次有給休暇日数を確認
          ②　①のうち、引継ぎに必要な労働者の分布を分析し
             て、検討する

買上げ単価と買上げ日数を決定する


いずれも、視点は「引継ぎへの影響」
```

カ　再就職あっせんをするのか、再就職支援企業を使うのか

①　再就職のあっせん

（ i ）　サービスの内容

　　希望退職募集を実施する当該企業が、その関連企業あるいはグループ企業への再就職のあっせんを実施するかを検討します。もし、あっせんできる企業があれば、ぜひそのサービスを加えたほうがよいです。

　　この再就職あっせんは、社員に再就職を約束するものではありません。あくまで、あっせんされた企業が、その採用基準に基づいて採否を決めます。このことを社員によく理解させ、過度の期待を抱くことがないようにさせる必要があります。

（ ii ）　成功したときの退職加算金について

　　再就職あっせんを受けてうまくあっせん先の企業に再就職が決まった場合は、その者の退職加算金は、一般のものに比べて低く設定すべきです。これは、退職者間の実質的公平性の見地からです。

　　たとえば、次のようにします。

---

2 ）　退職加算金
　　①　退職加算金は、②以外の者については、月例給×10か月とする。
　　②　再就職あっせん奏功者については、月例給×5か月とする。

---

② 再就職支援企業の利用

　最近の希望退職の募集では、退職条件（パッケージ）の1つとして、企業の負担で再就職支援企業を利用できることを加える傾向にあります。応募者の離職後の不安を和らげる配慮からです。

　ただ、再就職支援企業のサービス内容は、企業が負担する費用に応じていろいろですので、どこまでサービスを利用するかは、いくらまで費用をかけられるかによります。

　また、企業によっては、応募者が希望・選択する場合、再就職支援企業の利用に代えて、その費用に相当する金額を退職金に加算することを認めるものもあります。応募者によっては、「自分で再就職先を探すので、そのサービスにかかる費用を退職金に加算してほしい」という者もいるので、それに対応するためです。

　いずれにしても、再就職支援企業を利用できるようにするのか、さらには、応募者の選択を認め、その利用に代えて費用相当分を金銭で退職金に加算するのかは、希望退職を募集する企業の裁量に属します。

キ　そ　の　他

　借上社宅がある場合、退去期限をいつとするか（通常、退職日より1〜2か月後）、その間の賃料負担をどうするか（通常、それまでと同様の負担とする）、遠隔地帰郷者の待遇をどうするか（通常、交通費、荷物等の引越代は企業が補助する）、離職票の退職事由をどうするか（雇用保険関係）等、細かいですが、これらは必ず事前に確定しておく必要があります。

❷ 設計その2 ～手続面

ア 労働組合がある場合の対応

① 人事約款の有無の確認

　希望退職募集を実施する企業に組合（ここで組合とは、企業内で多くの社員が加入する組合をいい、ごく少人数の社員しか加入していない組合は念頭に置いていません。以下に同じ）がある場合、まず、人員削減に関する労働協約を確認する必要があります。なぜなら、労働協約には、人員削減する場合、労働組合と事前に合意しなければならない（合意約款）、あるいは事前に協議しなければならない（協議約款）という条項（あわせて人事約款といいます）がある場合があるからです。そして、その労働協約に自動更新条項があれば、昔の労働協約でも、人事約款は現在も生きていることになります。

② 人事約款がある場合の対応

　人事約款がある場合に、これを見落として希望退職の募集をすれば、企業は労働協約違反（債務的効力）となりますし、何よりも組合が希望退職の募集に非協力的となり、統制権を行使して組合員たる社員が希望退職の募集に応募しないよう統制をかけてきます。

Ⅳ－14　労働組合がある場合の対応のポイント

```
人事約款の有無

　├─あり　→　組合と協議（あるいは合意）する義務あり（労働
　│　　　　　協約における債務）
　│
　└─なし　→　組合からの団交申入れの場合、応ずる義務あり（労
　　　　　　　組法上の義務）
```

したがって、人事約款がある場合には、同約款に基づいて十分協議し（協議約款の場合）、合意に達する（合意約款の場合）ことが必要となります。そこで、スケジュールの中でも、組合との協議等にかかる期間をみておく必要があり、希望退職募集の発表から応募して退職する日までの全体のスケジュールを2〜3か月程度と、通常よりも長めにみておくこととなります。

　そして、スケジュール的には、発表と同時（組合三役には、発表日の発表時刻の少し前）に通知し、協議に入ることになります。また、発表する希望退職募集の条件・内容も、組合との協議等によって変わってくることが予想されるので、具体的な条件・内容の発表ではなく、人員削減が必要な状況であって実施せざるを得ない旨の発表にとどめ、組合に対しては、組合との協議によって希望退職募集の退職条件をつめていく、という姿勢をとることが円滑に運ぶポイントです（そして、まとまったとき労働協約の締結が必要であれば、**書式63**を参考にしてください）。これに対し、組合があるのに具体的条件・内容を発表してしまうと、組合が、企業は組合と協議する姿勢・意図がない、組合を軽視していると非難して態度を硬化させます。さらに協議の結果、条件が上乗せになれば、対外的（対社員向）に企業の面子が傷つくことになります。

IV－15　スケジュールのイメージ対比

通常（組合のない場合）	組合がある場合
○年3月1日	○年3月1日　・発表（ただし、退職条件は変わることがあるので、発表の仕方には注意が必要） ・組合への通知
3月1日　　個別面接 ～4日	
3月10日　　募集期間 ～16日	3月1日～　組合との協議（ただし、人事約款2、3週間　の有無で法的意味は異なる）
3月17日～・各人の業務終了、引継ぎ ・再就職支援	3月22日　（個別面接）…組～26日　合によっては、個別面接は絶対反対というところがある。その場合、強行はできない
3月末日　　退職日	
	4月1日　　募集期間 ～7日
	4月8日　・各人の業務終了、引継ぎ ・再就職支援
	4月末日　退職日※

※　組合の対応によっては、大幅に遅れ、半年くらいかかるケースもあります。

③ 人事約款がない場合の対応

人事約款がない場合でも、組合の面子を立てて希望退職の募集を円滑に進めることを心掛ける必要があります。

具体的には、やはり発表と同時（組合三役には、発表日の発表時刻の少し前）に通知します。おそらく組合は団体交渉の申入れをしてくるでしょうから、誠実に交渉する、という展開になります。

人事約款がある場合の協議と、この団交申入れに対応して協議することの違いは、前者が労働協約の債務的部分に基づく義務としての協議であるのに対し、後者は組合からの団交申入れがあったことで労組法上の団交応諾義務としての協議である点です（Ⅳ－14）。

つまり、前者では、組合から団交の申入れがなくても事前協議（合意）を経ずに人員削減すれば協約違反になりますが、後者では、組合から団交申入れがなければ、人員削減しても何ら問題となりません。団交申入れがあった場合に、団交に誠実に応じないと、労組法上の不当労働行為（労組法7条2号）となるのです。

スケジュールとしては、前記②と同様、組合との協議が必要と予想されますので、全体のスケジュールを2～3か月程度と、通常よりも長めにみておくこととなります。

もっとも、合意約款がなければ、十分協議を尽くせば、合意に至らなくても打ち切って、希望退職の募集を開始することは可能です。問題は、どのタイミングで打ち切るかです。早期に打ち切ると、組合が統制権を行使し、応募者が出にくくなります。他方、ずるずる交渉するのも退職者が出にくくなるので、よく見極める必要があります。

イ　面接実施の有無、面接の体制・準備

① 面接の目的

面接の目的は、次の3点です。

- 企業が希望退職の募集をせざるを得なくなった事情と退職条件を個々の社員に説明し、誤解がないことを確認すること
- 各社員が全体説明会の場では言えなかった企業への不満や今後の生活への不安を言ってもらう（ガス抜き）機会を与えること
- 企業から、希望退職募集後のスリム化した組織の中で、当該社員を戦力とみているのか非戦力とみているのかを伝えることで、実施する希望退職の募集を双方のミスマッチを解消する機会とすること

　注意すべきは、戦力か非戦力かの伝達が退職強要とならないよう気をつけなければならないということです。

② 面接の体制・準備

　まず、面接は、希望退職募集の対象社員全員に実施すべきです。非戦力とみなした社員にだけ退職勧奨のために実施したり、戦力とみなした社員にだけ残ってもらうために実施したりするのは、誤りです。

　なぜなら、面接の実施は職場の社員であれば皆わかることであり、その中で、企業が非戦力とみなした社員だけに面接を実施すれば、さらし者にするようなもので、そのような思いをして感情を害した社員は応募することに消極的になるからです。逆に、戦力とみなした社員だけに面接を実施すれば、企業がこれらの者を今後優遇することを他の社員に見せるようなもので、この場合も他の社員は感情を害し、企業に協力することになるような希望退職の募集の応募に消極的になるからです。

　次に、面接の担当者の人数ですが、面接担当者と被面接者の１対１になることは避け、面接担当者は複数名体制（職場の上司と人事総務部員の２名が好ましい）にすべきです。これは面接担当者と被面接者との間で言った言わないのトラブルが発生するのを回避する

とともに、面接担当者が前記①の目的に則って面接するのを確保するためです。

さらに、面接にあたっては、前記①の目的に則った面接が実施されていることの担保として、面接カード（**書式60**）、面接マニュアルを作成し準備したほうがよいです。なぜなら、面接担当者の説明の統一性を確保する（担当者によって説明の仕方や受け答えが異なるのはトラブルのもとです）とともに、企業が面接で行うべきことを実際にしたことの証明になるからです。

③ 労働組合がある場合

組合がある場合、当該組合が企業に友好的な企業内組合でない限り、面接を実施することに絶対反対の立場を採るはずです。これは前記①に述べた面接の目的の最後、つまり戦力・非戦力の伝達に対する反発からです。

組合は、上記②で述べた協議の中で、企業の実施する希望退職の募集には反対しないが（したがって、退職条件の上乗せの協議はするが）、面接は絶対反対という姿勢をとるのが一般的です。このような場合には、無理をせず、面接はあきらめる他ないと思われます。なぜなら、面接を実施しても、これに反発した組合が統制権を行使すれば、応募者は少数になるからです。

ウ 募集期間の設定

募集期間をどのくらいとるのかですが、期間が長いと職場のモチベーションへ悪影響となります。通常は、家族と退職後の生活設計等についてよく話し合う機会を与えるという配慮から、土日をはさんで1週間から10日くらい、たとえば、○月5日（木）〜11日（水）というように設定します。

エ　退職日

　通常は発表後1～2か月後の特定日を退職日と定めます。ただ、応募者の職務によっては、引継ぎ等の関係でその退職日に退職させるのでは業務に支障が生じることがあります。その場合に備え、退職日を特定しつつも、部署、職務の遂行状況によって変更することがある旨、明記しておく必要があります（**書式55～57**）。

オ　資料の作成

　社内発表用文書（マスコミ発表するのであれば、そのための文書）、希望退職募集実施要領、各人ごとの計算書、面接スケジュール表、面接カード、想定質問対応マニュアル、申込書、誓約書等を作成します。あるいは、労働組合がある場合は、労働協約の締結も必要となってきます。

①　社内発表用文書

　社内発表用文書は、なぜ希望退職の募集をせざるを得なくなったかを説明する文書ですので、簡潔にわかりやすく、起承転結のはっきりした文書となるよう作成します。具体例として、**書式53**、**54**を掲げておきます。**書式53**は、整理解雇もありうる旨記載したハードな内容のものです。**書式54**は、業績の悪化を数値をあげて丁寧に説明し整理解雇等には言及しないソフトな内容のものです。

②　希望退職募集実施要領

　希望退職実施要領は、次のような希望退職の募集の退職条件を明確にしたものです。

①　対象者の範囲・人数
②　募集期間
③　退職日
④　規定退職金、退職加算金
⑤　再就職支援の有無
⑥　その他…有休の買上げ、経過賞与、社宅の明渡時期、社会保険関係

具体例として、**書式55～57**を掲げておきます。

③　各人ごとの計算書

　　各人ごとの計算書は、上記希望退職の募集の退職条件を各社員に適用した場合、いくらになるのかというもので、具体例として、**書式58**を掲げておきます。対象者となる者全員分作成して、各人に封筒に入れて交付するか、または郵送します。タイミングとしては、希望退職募集の社内発表後、直ちに行うことになります。

④　面接スケジュール

　　面接スケジュール表は、対象者と面接（担当）者、面接時間が内容となります。具体例を**書式59**に掲げます。公表してもよいですし、公表せずにそのスケジュール内容に基づいて対象者に日時を通知しても結構です。

⑤　面接カード

　　面接カードは、**書式60**に掲げる例のような要領で、その目的は、①企業の状況説明、②希望退職募集制度の内容、特に退職（加算）金の説明、③再就職先あっせんの仕組みについて、面接（担当）者が対象者に同じ説明をさせることを担保することです。つまり、希望退職の募集は、個別の退職勧奨とは異なり、一時的ではあるもの

の制度として実施するものであるがゆえ、その対象者全員に対し同じ説明をする必要があり、それを実際に面接（担当）者が怠けることなく行うことを担保するのです。そして、④本人の意思確認、⑤その他質疑応答などの欄を設けるのは、対象者に応募の意思があるか否か（④）、ない場合ないしある場合の動機（⑤）、について情報を収集するためです。これは、希望退職募集を戦力・非戦力の選別によって組織を筋肉質にする点を重視する企業にとって、重要な情報です。すなわち、募集期間に入る前にその情報を収集し、企業の考える方向への説得を可能とするためのものです。ただ、あくまでその説得は退職強要に及んではならないことは言うまでもありません。

⑥　想定質問対応マニュアル

　想定質問対応マニュアルは、上記の社内発表した社員説明会の席上での質問と、個別面接において個々の社員と向き合ったときに出てくるであろう質問の両方に、社内発表時の説明者、面接（担当）者が対応できるように作成する必要があります。

⑦　申 込 書

　申込書は、対象者が希望退職の募集に応募する際に使用するもので、**書式61**を例として掲げます。退職条件に選択肢があるときは（たとえば、再就職支援の有無など）、申込書にて選択させます。

⑧　誓 約 書

　誓約書は、退職日までの引継ぎ等の職務専念義務、退職時の円満退職、清算条項、退職後の競業禁止・守秘義務等を盛り込むものです。**書式62**を実例として掲げます。申込書と誓約書を兼ねることも可能です。

⑨ 労働組合との確認書

　労働組合と希望退職の募集に関し協議し、退職条件等について合意に達すれば、文書を作成します。**書式63**が実例です。

　その文書が確認書とあっても、組合員の退職条件という労働条件に関する組合と企業との書面による合意ですから、法的には労働協約です。希望退職を募集する企業に組合がある場合、人事約款の有無にかかわらず、また希望退職の募集に反対しなくても、その条件についてさまざまな要求をしてくるのが一般的です。その場合、協議して一定限度譲れるところは譲って、その結果を労働協約にしておきます。この確認書がその一例です。組合がある場合の順序としては、希望退職実施要領は、この組合との確認書締結後に直ちに作成・実施することとなります。

カ　そ　の　他

① 申込受付窓口

　応募（申込み）の受付窓口を、各事業場の長（工場長や支社長、支店長など）か本社人事部か、明確に決めておきます。

② マスコミ発表をするか否か

　マスコミ発表をするのか否かを検討します。発表するのであれば、社員に対する発表と同時に行うのが、混乱を回避するために妥当なタイミングです。

❸ その他　～発表通知前の退職者への対応

　希望退職募集の発表直前に退職届を出した人にも退職加算金を支払うのかという問題があります。通常は支払いませんが、意外に対応に苦慮するケースがあります。

たとえば、ある社員から３月31日に４月末日をもって自己都合で退職する旨退職届が提出された後、企業が希望退職の募集を４月１日に発表し、４月10〜16日を募集期間とし、４月末日を退職日として実施した場合、決まってこの自己都合退職者は、「同じ退職日に退職するのだから、同じように扱ってほしい」と言ってきます。あるいは、企業が希望退職の募集を決めていたのを自分に黙っていて退職届を受理したのだから、自分の退職の意思表示は詐欺（企業は、黙っていたという不作為で自分を欺罔した）によるもので取り消しうる、あるいは錯誤であるから無効である、そして改めて希望退職の募集に応募する、と主張する展開になります。

　しかしながら、法的には自己都合退職者の言い分が通る可能性はきわめて低いといえます。企業は自信を持ってこのような要求を拒否すべきです。なぜなら、初めから退職する意思がありその旨表示した者の退職の意思表示に瑕疵（詐欺の場合）があったり、不一致（錯誤）があるとはいえないからです。もしこのような要求を受け入れると、３月中に退職届を出した他の者からも同様の処理を求められ、さらに、２月中に退職届を出した者はどうかなど、線引きが難しくなり、混乱の原因になります。制度は形式的・画一的に実施することが、混乱回避のため重要です。

　よって、法的にも政策的にも、このような主張は拒否すべきです。

2 企業の都合による個別の退職勧奨

1 法的性格

　企業の都合による個別の退職勧奨は、たとえば、A事業部門のヘッドカウント（定員）が業績の悪化により10名から8名に減ったので、賃金の一番高いBさん、二番目に高いCさんに退職してもらおうと退職勧奨する、というものです。

　希望退職の募集との違いは、企業から見て退職してもらいたい社員が決まっている点です。つまり、希望退職の募集では、希望退職に応募してもらう社員を募るわけで、募る段階では誰が応募するかわかりません。ところが、企業の都合による個別の退職勧奨では、退職してもらいたい人を特定して、その人に退職の意思表示をしてもらうよう勧奨するわけで、その点に両者に大きな違いがあります。

　他方、共通点は、社員の退職の意思表示なしには退職の効力が生じない点であり、いずれも法的性格は合意退職であるというところです。

　もっとも、企業の都合による個別の退職勧奨では、通常は、企業から退職勧奨した時点で合意退職の申込みといえ、勧奨を受けた社員がこれに受諾することがその承諾となり、その時点で合意退職は成立する、と評価されます。

2 メリット・デメリット

　企業の都合による個別の退職勧奨のメリット・デメリットを、希望退職の募集と比較してみると、まずメリットは、戦力・非戦力の選別をよりクリアに実現できるということでしょう。他方、デメリットは、個別の退職勧奨を受けた社員が退職の意思表示をしなかったとき、整理解雇に踏み切るか否かの大きな賭けをしなければならなくなるところです。もちろん、退職の意思表示をしなかったときでも、何度かは説得を試みますが、それでも退職の意思表示を示さないときには、いよいよ企業は決断を迫られるわけです。

3 内容設計

　企業の都合による個別の退職勧奨といっても、通常は、各部門でヘッドカウント（定員）が削減され、一斉に実施するものなので、一定の計算式に基づいて退職パッケージが設計され算出されます。公平性を図る必要があるからです。たとえば、最低で月額賃金×３＋月額賃金×在籍年数に応じた掛数で加算、ただし、10年を限度とする、といった設計です。

4 実　　施

　企業の都合による個別の退職勧奨の実施の特徴としては、希望退職の募集が全社員へ向けて実施するところから公表→全社員に説明→面接といった流れで行うのに対比し、個別に実施する性格上、全社員へ向けての公表も説明も面接もしないということがあげられます。あくまで、個別に声をかけ、どこかの会議室で密かに説明（面接）し、説得するのです。

　一度で説得できなければ、二度、三度行いますが、退職の意思がな

いことを明確に示した社員にあまり繰り返し面接を行って説得することは、退職強要と言われかねないので、注意が必要です。説明、説得の仕方を変えるか、条件を変えるかしないと、そのような主張がされることになりかねません。

　どうしても当該社員から退職の意思表示を引き出せず、かつ整理解雇も難しいという場合は、改めて、他の職場への異動を行う必要も出てきます。ただし、この場合、業務命令として行います。

⑤　合意退職の成立

　上記④の実施の結果、合意退職が成立したときは、退職合意書に労使双方が署名します。

3 雇止め

1 有期労働契約の類型による判断

有期労働契約には、第2章2②で解説したとおり、更新への期待の程度によって、

- **期間の定めのない労働契約と実質的に異ならない状態の類型（A類型、契約法19条1号）**
- **（A類型まではいかないが）さらなる更新への期待が客観的にある類型（B類型、同条2号）**

があります。A類型かB類型かの区別については、第2章2②に掲載のⅡ－6をご覧ください。

当該企業の有期労働契約がB類型（同条2号）の場合、一般的には、正社員の人員削減に先立って有期労働者の雇止めを行います。もし契約期間の途中で退職させるときは、残存期間を上限として退職一時金を設計し、有期労働契約の期間途中の合意退職を図るのが原則です。

B類型は、その類型の中でも更新への期待度は契約ごとに異なりますが（詳しくは前記箇所）、原則は、当該企業に人員削減の必要性が客観的にあれば、雇止めに解雇権濫用法理が類推適用されるとしても、合理的理由は認められ、有効になしうるはずです（現に、日立メディコ事件で最高裁は、希望退職募集を実施せずに有期労働者を雇止めしたのを、有効としました）。よって、契約期間途中で合意退職する場合も、残存期間を上限とする退職一時金の設計が原則です。

もっとも、Ｂ類型でも更新への期待度が全体的に強い契約（Ａ類型＝契約法19条１号に近い強い期待度の契約）では、この原則的対応を修正する必要があるかもしれません。つまり、上記原則にプラスして１〜３か月の退職一時金を加えるという対応です。これは、Ｂ類型でもＡ類型に近い更新への期待度がある契約のときに、そのような対応を検討する必要があるということです。

　次に、当該企業の有期労働契約がＡ類型（契約法19条１号）の場合は、一般的には、正社員の人員削減と同時並行で雇止めを行います。そして、正社員への解雇権濫用法理の適用とほぼ同様に適用される以上、いきなり雇止めするのではなく、希望退職の募集を実施する必要があるでしょう。

　この場合、（Ａ類型の）有期労働者にも正社員と同時に希望退職募集を実施することになりますが、その退職条件の設計は、当然、重要な問題となります。正社員と同じか準ずる設計か、あるいはまったく違う設計かです。この問題は、当該企業において、その（Ａ類型の）有期労働者の位置付け、具体的には、職務・役割が正社員と同じか準ずるのか、まったく違うのか、賃金体系が正社員と同じか準ずるのか、まったく違うのかによって、どの程度正社員に近づけて設計する必要があるかであり、この点をよく見極める必要があります。

2　実際の実施方法

　まず、当該企業の有期労働契約がＡ類型（契約法19条１号）かＢ類型（同条２号）かを見極めます。その見極めは、前記1、第２章2　2、Ⅱ−６のとおりです。

　次に、Ｂ類型なら、正社員の人員削減に先立って、人員削減を考えます。有期労働者の削減で余剰人員が解消できるなら、正社員の人員削減を行わずに、それで終わりにします。有期労働者全員を雇止めする必要がないときは、雇止め対象者の選別に合理性が求められます。

たとえば、有期労働者が80名いる中で30名の削減で十分というなら、通常は、余剰となった部門・部署に配属されている有期労働者を中心に雇止めをするのが合理的です。あるいは、有期労働者の中に賃金が高い者がいてそれほど熟練することが求められていないのであれば、賃金の高い有期労働者から雇止めすることが合理的となります。有期労働者の削減で余剰人員が解消できないなら、さらに正社員の人員削減も検討します。その実施方法は、本章1の希望退職募集（または2の退職勧奨）→4の整理解雇の順です。

　当該企業の有期労働契約がA類型なら、正社員と並行して人員削減を考えます。つまり、有期労働者、正社員いずれに対しても本章1（または2）を設計・実施します。この場合、同時並行で進める正社員と有期労働者の希望退職募集の内容は、同じか準ずる必要があるのか、まったく違う設計でよいかの重要な問題があることは、1で指摘したとおりです。結局は、正社員と（A類型の）有期労働者の双方が納得感を得られるバランスのよい設計が求められるといえます。

　そして、それでも人員削減が達成できなければ、4の整理解雇および有期労働契約の雇止めを決断します。

a　当該企業の有期労働契約がＡ類型（契約法19条１号）かＢ類型（同条２号）か

b　Ｂ類型の場合

   ── 有期労働者の人員削減（雇止め）で余剰人員の解消ができる　→　終了

   ── 有期労働者の人員削減（雇止め）で余剰人員の解消ができない
   →正社員の人員削減も検討する
     →　正社員への（有期労働者もこれに準じて）希望退職の募集（または退職勧奨）
     →　整理解雇

b′　Ａ類型の場合
   →　正社員の人員削減も並行して検討する。すなわち、
     →　正社員および有期労働者を対象に希望退職の募集（または退職勧奨）
     →　整理解雇・雇止め

4

整理解雇

1 整理解雇とは

　整理解雇とは、企業の一方的事情による解雇です。通常、工場閉鎖、支店統廃合等による余剰人員の発生を理由（事情）とします。

2 規　　制

　整理解雇は、もっぱら企業側の事情による解雇という性格上、労働者保護が整理解雇以外の解雇よりもより要請され、一般的に四要件（または四要素）、つまり、次により判断されます。

- i　人員削減の必要性
- ii　整理解雇選択の必要性（解雇回避努力義務）
- iii　被解雇者選定の妥当性（客観的で合理的な基準を設定し、公正に適用したか）
- iv　手続の妥当性（労働協約上の義務の有無にかかわらず、労働組合・社員に対し整理解雇の必要性・時期・規模・方法について誠意を持って協議したか）

　これらの4つの基準を四要件とみるか、四要素とみるかの違いは、前者が、整理解雇が有効となるためには4つの基準すべてをきちんと満たしていなければならない（たとえば、1基準3点×4＝12点必要）とするのに対し、後者は、整理解雇が有効となるためには4つの基準を総合判断して判断する（たとえば、1基準1点でも他の基準が

5点、4点、2点あり、合計12点あれば有効）としている点です。

　もっとも、解雇権濫用法理が最高裁判所の確立した判例法理であり、平成15年に労基法改正で明文化もされた（現在は、契約法16条）のに対して、整理解雇の要件（要素）は解雇権濫用法理のような最高裁判例ではありません。

　また、下級審判例を見ても、たしかに整理解雇の四要件（四要素）を採用して解雇の効力を判断しているものが多いのも事実ですが、他方で四要件（または四要素）を必要不可欠とすることなく、このうちの三要件、二要件のみについて判断したり、あるいはこのような要件を適用することなく、整理解雇の効力の判断に入るものも数多くあります。さらには最近、四要件（四要素）を採用しないことを明確にして、整理解雇の効力を判断するものも出ています（たとえば、ロイヤル・インシュアランス・パブリック・リミテッド・カンパニー事件　東京地決平8.7.31、ナショナル・ウエストミンスター銀行〔三次仮処分〕事件　東京地決平12.1.12等）。

　このように、整理解雇の四要件（四要素）は、下級審判例においても「確立している」とまではいえず、結局、個々の具体的事案に応じて、解雇権濫用法理の適用による判断のうえで、ケース（事案）に応じて必要な基準を適宜採用して判断しているのです。

　ただ、この四要件（四要素）が採用されるか否かにかかわらず、整理解雇は、一部の落ち度のない社員が職を失うという犠牲のうえに、残りの社員の雇用と企業の存続が確保される性格上、その解雇の有効性（権利濫用の有無の判断）が厳しく判断されるのは当然のことです。実際に、下級審判例の整理解雇事案の企業側の勝率は、概ね30％以下のようです。しかも、勝訴している事案を見ると、小規模企業が多いようです。これらの企業は整理解雇を回避する努力に限界があり、もともと社員の人数が少ないので人選にも限界があるためです。

　したがって、整理解雇まで踏み込んで人員削減をするか否かは、リスクの大きさを十分計算したうえで決断することになります（**書式64**）。

3 職種が限定(特定)されているか否かでの差異

　四要件や四要素による解雇権濫用の有無の判断において、当該社員が長期雇用を前提にいろいろな職務(職称)に配転されることを予定して採用されたのか、長期雇用を前提とせず当該職務(職種)の即戦力とし他の職務(職種)への配転を予定されずに採用されたのかは、上記解雇権濫用の有無を判断する際、前記四要件や四要素を、企業全体で考えるのか、部門や職種で考えるのかに差異をもたらすと考えます(IV−17)。

IV−17　職種・地域限定の労働契約か否かによる適用の違い

```
職種・地域限定の労働契約か否か

 ┬─ 否(多くの日本企業)
 │  →　企業全体での
 │     ⅰ　人員削減の必要性
 │     ⅱ　整理解雇選択の必要性(解雇回避努力)
 │     ⅲ　被解雇者選定の必要性
 │     ⅳ　手続の妥当性
 │     を検討して解雇権濫用の有無を判断する。
 │     これらを裏付ける資料があるか否かがポイントとなる。
 │
 │   肯(多くの外資系企業)
 └─ →　当該職種(地域、部門)での
        ⅰ　人員削減の必要性
        ⅱ　整理解雇選択の必要性(解雇回避努力)
        ⅲ　被解雇者選定の必要性
        ⅳ　手続の妥当性
        を検討して解雇権濫用の有無を判断する。
        これらを裏付ける資料があるか否かがポイントとなる。
```

　もっともこの点は、裁判例では明確に意識されて判断されるものとそうでないものがあります。

5 黒字リストラの実施の仕方

1 黒字リストラの必要性

　黒字リストラは、「企業体質（競争力）強化のための最適組織化を目的とするリストラ」です。つまり、今後の経営環境において、生産性を高め、市場適応能力（市場のニーズをいち早く感知し、これに対する商品サービスを創り出す能力）のある組織に再編成するためです。

　したがって、このリストラを実施する前提としては、それを求める市場であること、つまり、市場がボーダレス化し、他国の有力企業が参入している市場である必要があります。

2 黒字リストラの実施の方法

　上記1の必要からは、組織の構成員（社員）を交代させる必要が生じたりします。つまり、最適組織の構成員としては生産性のない（適格性のない）社員に退職してもらい、そのうえで、労働市場から最適組織の構成員（社員）として適格性のある労働者で補充したい、というニーズです。

　この中で、前者を希望退職の募集ないし個別の退職勧奨で実施します。これが黒字リストラです。いずれも、社員との合意を前提としますので、社員の納得を得られるものである必要があります。

　では、どうずれば（退職してもらいたい）社員から合意を得やすい

でしょうか。

　通常は、

　ア　企業の進む方向と自分の働いていく方向とが違う、という将来
　　への不安感

　イ　退職しても当面は困らない、という安心感

が必要です（**書式65**）。

　当該社員が、企業に残っても先が見えており、他方退職したほうが
気が楽で当面生活に困らないし転職先を見つけられそうである、と思
えば、社員から合意を得やすいのです。

　以下、この２つのポイントを具体的に説明し、希望退職の募集の仕
方にどのように入れていくかを述べます。

ア　企業の進む方向と自分の働いていく方向とが違う、という将来への不安感

①　企業の進む方向を明確に示す

　黒字リストラする企業は、通常、グローバル市場（世界市場）で
競争している企業なので、今後の当該企業を取り巻く経営環境を分
析し、その分析を基に中期事業計画を立てていると考えます。

　この中期事業計画に則って、社員に対し、企業の進む方向を明確
に示すことがとても大切です。これを示さないと、その組織の中に
自分の居場所がないことがわからないからです。

②　（退職してもらいたい）社員の今後働く方向と違うことに気付かせる

　これには、実は布石が必要で、それまでの１〜２年間の人事考課
の中で、対象者に明確にフィードバックしておき、気付かせる布石
を打っておく必要があります。

　具体的には、上記①の企業の中期事業計画は、各部署間、部署に

具体化され、それが各部署の各所属員たる個々の社員に目標設定の形で具体化することをしているはずです。それをしている、という前提で説明を進めると、この目標は、まさに当該企業が進むべき方向の単年度版の個々の社員への具体化のはずなので、これの未達、あるいはその目標達成のための行動評価でも不充分（努力不足）という評価であったとすると、目標も未達、行動も努力不足であり、企業の求める方向に進んでないし、努力していない、ということです。これをはっきり１～２年間の人事考課のフィードバックの中で伝えることで、社員に今後の自分の働く方向と会社の進んでもらいたい方向が違うことに気付かせるのです。

　これを１～２年間の中で半期あるいは１年度に複数回やることによって、黒字リストラを実施する希望退職の募集時には、上記の気付きが自己認識を促進しているはずなので、希望社員の募集に応募する動機が形成される状況になっている、ということです。これが布石の意味です。

　そして、希望退職募集実施の際の面談用に上記のことを今後のこととして面談者から改めて説明してもらえば、再認識する状態になり、応募してくれる確率が高くなります。

イ　退職しても当面は困らない安心感

　ここはまさに黒字で実施する以上、十分な原資で実施する必要があります。転職先を見つけられそうであるという、より積極的な安心感を持ってもらう工夫も必要です。

　主なものとしては、

① 退職加算金の設計
② 退職日までの有給の再就職支援期間
③ 再就職支援制度の適用

です。

3 上記イの希望退職の募集への反映

ア　上記 2 イ①の退職加算金への反映

　これは、上記 2 イ「①退職加算金の設計」の工夫です。非戦力者に厚くするというポイントは同じで、最適組織化のための構成員（メンバー）に入らない層＝非戦力層に手厚く設計します。

イ　退職日までの有給の再就職支援期間の設定

　これは、上記 2 イ②の具体化（反映）です。赤字リストラでは、**書式52、55**のとおり、募集期間と退職日までは近接しています。これにより、加算金の原資を捻出し、魅力ある数値にするためです。また、余剰人員なので、やってもらう仕事もないので、すぐに退職してもらっても企業は困らなかったからです。

　黒字リストラでは、原資はある程度あり、また、余剰人員というより最適組織に照らして、その社員がメンバーに選ばれなかった、ということなので、仕事自体はあるので募集期間後すぐ退職してもらう必要性は強くありません。

　他方、退職する側からすれば、若くて離職するならともかく、40代、50代では、転職活動も一般的には難しいです。そのような転職活動の中では、給料をもらいながら在籍状態で転職活動するのが気も楽だし、採用されやすいともいえます。そこで、こういうことに配慮することで、退職パッケージを魅力的にします。たとえば、応募から退職日まで3か月とかの期間を設定するとよいでしょう。加えて、早く転職先が見つかったら、その残った分は退職加算金に加える、というのも、より魅力的に見えます。

ウ　再就職支援制度の適用

　これは、上記<u>2</u>**イ**③の具体化（反映）です。大手人材会社では再就職支援制度などを用意しています。それは会社毎に商品がいくつかあり、その商品ごとに、当然、内容（支援期間の長さ等）もいろいろなので、当該企業の退職者に合うような再就職支援制度を選び、これを退職パッケージに入れるのも応募者からすると、一つの安心になります。

エ　面談時の説明への反映

　上記**ア〜ウ**は、退職パッケージへの反映ですが、これを実際に実施する中で、つまり個別の面談をする中で伝えます。特に、企業の進む方向を明確に示して（上記<u>2</u>**ア**①）、対象者は働く方向が違うことに気付かせ（同②）、今後は転職したほうがあなたにとってみれば人生のチャンスではないということを、面談の中で伝えるということです。

4　雇止め、整理解雇の方法について

ア　雇　止　め

　有期労働者への雇止めは、
　ⅰ　更新への合理的期待がどの程度強いのか
　ⅱ　雇止めの合理的理由があるといえるのか
によって、黒字リストラにおいて採りうる方法となるのかが決まります。

イ　整理解雇

　黒字リストラでは、（赤字の中での余剰人員解消の必要性といった）経済的理由がないので、職種（職務）限定、地域限定合意の特殊な雇用であり、かつその職種（職務）ないし地域が客観的理由により消滅した、といえるかによって、採りうる方法となるのかが決まります。

第 5 章

書式・規程

退　職　届

〇年〇月〇日
株式会社〇〇〇〇
代表取締役　〇〇〇〇　殿

　　　　　　　　　　　　　　　住　所
　　　　　　　　　　　　　　　氏　名　〇〇〇〇

　私は、今度、会社を別紙の理由にて〇年〇月〇日限り退職しますので、その旨本書をもって届出いたします。

　　　　　　　　　　　　　　　　　　　　　　　　　以　上

···

受　理　欄

〇年〇月〇日

　会社は、上記退職届を、〇年〇月〇日に受理した。

　　　　　　　　　　　　　　　人事部長　〇〇〇〇　㊞

別　紙

反　省　文

　私は、会社より住宅補助として月額〇万円の支給を〇年〇月より受けていましたが、途中の同△年△月より自宅購入の結果、上記補助の資格を欠くに至ったにもかかわらず、現在まで金額にして〇〇万円の金員を不正に受給しました。

　これは、職責に違反するばかりか、会社に対する詐欺にもなる重大な非違行為であることから、今度、同金額を賠償するとともに、反省の意を表す意図として引責辞職させていただきます。

　大変申し訳ございませんでした。

以　上

書式解説

　形式上は自主（自己都合）退職ですが、実質的には諭旨退職です。訴訟のリスク回避と当該社員の再就職の困難さを回避する等のため、このような対応が実務上よく行われます。ただ、労務管理上は、本来の自主退職と区別して整理する必要があるので、本人からの退職届（願）の退職理由のところには、「別紙反省文のとおり」等記載させ、反省文を退職届に添付させて提出させるべきです。

　退職届と別紙（反省文）を一体のものとするため、ホチキスでとめ、割印を押してもらってください。

　なお、退職届は人事権者に到達するまでは撤回ができてしまうので、人事権者に到達（受理）したことを証拠化できるように、受理欄を設けています。

○年○月○日

業務報告書

○○営業部長　殿

第２営業課課長　　○○○○

　第２営業課の課員××には、職務遂行上、下記の問題があることから、本年○月○日午後○時、第○会議室にて、○○係長同席のうえ、下記注意・指導をいたしましたので、その旨報告いたします。

記

１．職務遂行上の問題点

　①　取引先Aの担当者Bに対し、本年○月○日、○○等の暴言を吐く等の行為をした。

　②　顧客営業にあたって、会社指定の携行品をしばしば忘れて営業に出る等の行為をした。

２．注意・指導内容（上記１．①②に対応）

　①　取引先に対しては、担当者に丁寧に説明し、絶対に○○等の暴言はもちろん、一切、暴言を吐くことのないように注意した。

　②　営業に出る前に会社指定の携行品を忘れていないかチェックするように指導した。

以　上

　問題行動を口頭で注意・指導した場合であっても、将来のことも考え証拠化しておく必要があるときがあり、そのための書式です。記載事項は、必要最小限にとどめています。なぜなら、現場に詳細に書くことを求めると、負担となり、なかなか根付かないからです。

　「1．職務遂行上の問題点」と「2．注意・指導内容」は、必ず対応するようにしてください。すなわち、1①→2①、1②→2②と、問題点の指摘→注意・指導内容となるようにしてください。

○年○月○日

○○○○　殿

株式会社○○○○

人事部長　　○○○○

注　意　書

　貴殿は、これまで口頭で注意を受けたにもかかわらず、遅刻がきわめて多く、また欠勤も頻繁にあり、勤務態度がよくありません。

　そこで、今後このような勤務態度を改善するよう、本書にて注意いたします。

以　上

書式解説

　いきなり解雇しては無効（解雇権の濫用）となりかねないので、一度は文書で明確に注意します。

　ただ、文書で注意する段階では、すでに口頭で何度も注意しているはずです。そこで文中にそのことを、「これまで口頭で注意を受けたにもかかわらず」と入れておきます。これによって、争われたとき、第三者（裁判官等）に、それまでの注意してきた過程が注意書を読むだけでわかるようになります。口頭で注意した日時が特定できるなら、そこまで入れてもよいでしょう。たとえば、「これまで口頭で注意（○月○日○時、○○部長より注意）」というようにです。

〇年〇月〇日

〇〇〇〇　殿

株式会社〇〇〇〇

人事部長　　〇〇〇〇

厳重注意書

　貴殿は、これまで口頭で注意を受け、本年〇月〇日に注意書にて注意を受けたにもかかわらず、遅刻がきわめて多く、また欠勤も頻繁にあり、勤怠がよくありません。

　そこで、今後このような勤務態度を改善するよう、本書にて改めて厳重に注意いたします。

以　上

書式解説

　厳重注意書の文面を見れば、それまでの注意の経過と社員の不履行の状況がよくわかるようにします。

　この厳重注意書は、注意書で注意したのに、その後も勤怠不良の状況が相当程度、たとえば4～5日の遅刻や2～3日の無断欠勤等が表れたときに作成し、交付するものです。

○年○月○日

○○○○　殿

株式会社○○○○
人事部長　　○○○○

注　意　書

　貴殿は、○年○月○日より当社に入社し現在試用期間中ですが、貴殿はこれまで口頭で注意を受けたにもかかわらず、遅刻が多く、また欠勤もその日になって出勤できない旨の連絡をするなどが頻繁にあり、勤務態度がよくありません。

　そこで、今後このような勤務態度を改善するよう、本書にて注意いたします。

以　上

書式解説

　注意書1枚を読むだけで第三者（裁判官等）が容易にわかるようにする必要があります。

　そこで、本書式では、試用期間中の社員であること、口頭で注意を受けたのに改善されていないこと、欠勤の仕方がよくないこと（頻繁に当日になって出勤できない旨の連絡をすること等）をすべて記載します。そのうえで注意を明確に伝えるのです。

○年○月○日

○○○○　殿

株式会社○○○○

人事部長　○○○○

注　意　書

　貴殿は、当社において○○○の業務に従事しているところ、頻繁に遅刻を繰り返しており、勤怠不良です。貴殿が従事する○○○の業務において、遅刻はチームを組む他の社員へ重大な支障を与え、ひいては当社の○○○業務に大きな影響を与えかねません。

　当社としては、貴殿に対し、これまで口頭で何度も注意をしてきたところですが、改善がないことから、本書にて改めて、今後遅刻のないよう厳重に注意いたします。

以　上

書式解説

　遅刻が多いけれども、１回１回がわずかな時間であるときは、業務遂行への支障を実質的に考える必要があります。そして、業務遂行上の支障が重大であれば、それを明確に問題社員にわからせる必要があります。すなわち、従事する具体的な業務を明記し、業務遂行上の支障が重大であることをはっきり伝えるのです。

　また、口頭で何度も注意をしたのを明記する意味は、他の書式の箇所で説明しましたが、この注意書１枚を読めば、それまでの注意の過程がわかるようにするためです。

○年○月○日

○○○○　殿

株式会社○○○○
人事部長　　○○○○

指　導　書

　貴殿は、当社において○○○の業務に従事しているところ、同業務に専念しているとは認められず、また、これまでの従事期間に照らし、成果物はきわめて乏しいものです。このような勤務状況のままでは、当社の○○○業務に貢献しているとは、到底いえません。

　当社としては、貴殿に対し、これまで口頭で何度も注意・指導をしてきたところですが、改善がないことから、本書にて改めて、今後○○○業務に関する裁量労働制の対象者として業務に専念し、期待した成果を提出するよう、指導いたします。

以　上

【書式解説】

　裁量労働制の対象社員への注意は、あくまで成果物に対してであって、勤務時間についての注意はできません。

　そこで、注意書ないし指導書は、成果物が乏しいことにフォーカスしてその点を指摘し、このままでは従事する部門の業務に貢献していないということを明確に指導する必要があります。

　なお、口頭で何度も注意・指導をしてきた旨をわざわざ記載する意味は、すでに説明したとおりです。

退職合意書

　株式会社○○○○（以下、「甲」という）と○○○○（以下、「乙」という）とは、乙が甲を円満に退職するにあたり、以下のとおり合意した。

1．乙は、甲を○年○月○日限り退職する。乙の退職に際し、甲が発行する離職票は○○とする。

2．甲と乙は、前項の退職後は、甲乙間において、規定退職金の支払い、前項の離職票の発行、および乙の退職後の守秘義務等乙が退職後も負うべきとされる義務を除き、何ら債権債務のないことを確認する。

　　○年○月○日

甲　　株式会社○○○○
代表取締役　　○○○○
乙　　○○○○

　最もシンプルな退職合意書で、合意退職の日、離職票の記載、清算条項の３点を押さえたものです。

　この退職合意書に加えて乙から退職届を提出してもらう必要があるかについてですが、法的には不要です。ただ、念のため提出してもらうことは、もちろん問題ありません（法的には、確認の意味しかありません）。

　なお、在職中、就業規則等で退職後も一定の義務を負わせている場合、上記の退職合意書２項の清算事項においても、それを確認します。

　書式９以下の退職同意書・合意書も、同様の工夫をしています。

退職同意書

　私は、株式会社○○○○（以下、「会社」という）を、以下のとおり、円満に退職することを同意します。

1. 私は、会社を○年○月○日をもって退職します。退職に際して、会社が発行する離職票は○○であること、確認しました。

2. 私と会社とは、退職後は、規定退職金の支払い、前項の離職票の発行、および私の退職後の守秘義務等私が退職後も負うべきとされる義務を除き、何ら債権債務のないことを確認します。

　○年○月○日

　　　　　　　　　　　　　　　署　名　…………………………

株式会社○○○○　　御中

書式解説

　社員が自ら退職する場合は、合意退職（解約）か辞職（労働者の一方的意思表示による労働契約の終了）のいずれかなので、「退職同意」というのは不正確かもしれませんが、法的には会社の合意退職（解約）の申入れに対する承諾（同意）です。

　本書式も、最もシンプルなものとして作りました。この書式のニーズは、会社が署名をする時間がないときに、双方合意した内容を社員から「退職同意書」という形で明確化する、という点です。

○年○月○日

○○○○　殿

株式会社○○○○

人事部長　　○○○○

解雇通知書

　貴殿には、会社就業規則第24条2号「労働能力もしくは能率が甚だしく低く、または甚だしく職務怠慢であり勤務に堪えないと認められたとき」に該当する事由があるので、同第25条に基づいて、貴殿を本通知書到達後30日経過する12月○日限り解雇します。

以　上

書式解説

　勤怠不良型の問題社員を解雇するとき、予告期間を置いてするか、即時にするかは、検討の余地があります。

　思うに、長期欠勤者への解雇なら、本書式のような予告期間を置いた解雇がよいでしょう。なぜなら、解雇予告金が不要で、予告後も欠勤するでしょうから、賃金の支払いも不要になるからです。

　他方、断続的欠勤や遅刻が多いことを理由とする解雇なら、職場への悪影響を回避するほうが重要なので、即時解雇がよいでしょう。

〇年〇月〇日

〇〇〇〇　殿

株式会社〇〇〇〇
人事部長　〇〇〇〇

解雇通知書

　貴殿は、〇年〇月〇日より当社に入社し現在試用期間中ですが、会社より口頭および同年〇月〇日付注意書にて注意されたにもかかわらず、遅刻は多く欠勤も頻繁で勤怠不良です。

　当社としては、貴殿のこのような勤怠不良に鑑み、当社の正社員としての適格性はないと判断せざるを得ませんので、就業規則第〇条（試用）１項に基づいて、本日限り貴殿を解雇いたします。

　なお、解雇予告金^{（※）}は貴殿の給与振込口座に本日振り込みますので、ご確認ください。

以　上

※　14日以内の試用期間の解雇のときは、不要（労基法21条４号）

【書式解説】

　解雇通知書として必要な記載は、就業規則第何条に基づく解雇か（普通解雇か懲戒解雇かの区別と、根拠とした解雇事由がわかること）、いつをもっての解雇か（時期）です。加えて、本書式では、解雇通知までの注意の過程も明確に記載します。これは、争われたときに第三者（裁判官等）が一読して理解できるためです。その場合、それまでに出した注意書と矛盾のないよう確認して記載する必要があります。

○年○月○日

○○○○　殿

株式会社○○○○

人事部長　　○○○○

業務指導書

　貴殿は、現在○○○業務に従事していますが、口頭では何度も注意・指導してきたにもかかわらず、同じ業務に従事する他の社員に比べてきわめて仕事が遅く、さらにはミスが多い状況です。

　そこで、職務に集中し、ミスを少なくするとともに、仕事の効率を上げて他の社員に比べて遅い状況を改善してください。当面、所定労働時間内で集中して、同時間内に他の社員と同水準となるよう努力してください（筆者注：ミスの数量や生産性の数値目標を示せるのであれば、以下で示す）。そのため、当面、残業は一切行わず、所定労働時間内で仕事を処理してください。

以　上

　労働の質や能力が不良であることの証明は、とても難しいものです。現場の他の社員は日常的に見ているので、問題社員の労働の質が不良であること、あるいは労働能力が不良であることはわかりきったことですが、第三者（裁判官等）にわからせるのは、至難です。

　多くの事件では、問題社員にも弁護士がつき、その弁護士から、解雇やむなしと言える程度の証明はできていない、具体的に、いつどういうミスをして会社にどういう損害を与えたのだ、と追及されます。日常的に、本書式のような業務指導書を出していないと、立証できません。

　本書式をさらに具体化して、業務指導書を何度か出してください。

　なお、労働能力が不良ゆえ残業が発生し賃金を支払う事態は、同じ仕事をしてよくできる人との不公平が生じるので、「残業は一切行わず〇〇〇〇してください」と、明確に禁止するとよいでしょう。

〇年〇月〇日

〇〇〇〇　殿

株式会社〇〇〇〇
人事部長　〇〇〇〇

業務指導書

　貴殿は〇年〇月〇日より当社の〇〇〇業務を担当する者として、〇〇の地位にて入社し現在試用期間中ですが、誠に残念ながら当社の期待する水準に達しておりません。

　つきましては、就業規則第〇条１項但書に基づいて、試用期間を〇月〇日まで延長するとともに、次のスケジュールにて当社の期待する水準に達するよう精励してください。各期間ごとに到達すべき水準（目標）を明記しましたので、それに向かって努力し、その結果を下記日時に業務日誌等をもとに双方で確認してください。

以　上

期　　間	期待する水準	面談方法（業務日誌持参のうえ）
11月１日より15日	〇	11月15日、〇〇部長と
11月16日より30日	〇〇	11月30日、〇〇部長と
12月１日より15日	〇〇〇	12月15日、〇〇部長と
12月16日より31日	〇〇〇〇	12月30日、〇〇部長と

　試用期間中の解約権行使のほうが、本採用後よりは容易です。特に、中途採用で即戦力として採用したときは、試用期間中に決着をつけるべきです。とはいえ、客観的に正社員としての適格性欠如と明確にいえないと、解約権の行使は濫用したものとして無効となりかねません。

　そこで、当該社員に求める「正社員としての適格性」＝（会社が）期待する水準を明確にし、それに達したか否かを意識的にチェックさせます。これによって、会社も当該社員もその水準に達したか否かを明確に認識できて、労働紛争のリスクが低くなります。双方でその認識を共有化できれば、合意退職によって解雇を回避することができ、労使双方にとってよい解決になります。

〇年〇月〇日

〇〇〇〇　殿

株式会社〇〇〇〇
人事部長　　〇〇〇〇

業務指導書

　会社が貴殿に求める職務遂行能力・内容を改めて伝えると下記のとおりですが、貴殿はこれに十分応じられていません。

　つきましては、下記事項をよく確認し、改善に努力するよう指導します。

記

1．PC 操作能力
　①　〇〇〇〇〇
　②　〇〇〇〇〇

2．経理知識
　〇〇〇〇〇

3．職務遂行のスピード
　同じ職務を遂行する他の社員に比べ職務遂行が相当遅いので、少なくとも同程度のスピードで処理できるように

4．職務遂行の正確性
　同じ職務を遂行する他の社員に比べミスが多いので、少なくとも同程度の正確性で処理できるように

5．チームワーク

　同じ職務を担当する他の社員と協調し、顧客ないし部門外からの電話等の問合せがあるときは分担し合って対応し、特定の人に負担が片寄らないように

書式解説

　労働能力の欠如というのは（上記3〜5）、他の社員との相対的比較ではないのですが、メルクマール（目標ないし基準）にはなります。

　本書式は、一応経理職員として採用（ただし、職種限定という趣旨ではありません）した者が、その配属された経理部で労働能力を著しく欠くとき、まずはこのレベル・内容の職務遂行能力・内容が必要ですよ、というのを明確に文書で説明するものです。

○年○月○日

○○○○　殿

株式会社○○○○

人事部長　　○○○○

業務指導書

　会社が貴殿に求める職務遂行能力・内容を改めて伝えると下記のとおりですが、貴殿はこれに十分応じられていません。

　つきましては、下記事項をよく確認し、改善に努力するよう指導します。

記

1．総務○○課の部下のマネジメント
- 日頃の労務管理
- 部下からの相談等への適切な対応
- 半期、年度ごとの人事考課、総務○○課課員の賞与・昇給額の決定

2．総務○○課の年度計画の作成の遂行
- 総務部の年度計画に則った○○課自体の年度計画を作成すること

3．総務○○課の今後の改善等への意見・提言

　中間管理職まで昇格した者が、十分機能していないときに出す業務指導書です。

　長期雇用システムを採る企業において、担当する職務は、年齢を重ねるに応じて変わる（上昇する）わけですが、処遇も同様に上昇する以上、それに見合った職務遂行を求めてしかるべきで、それができなければ、労働能力欠如ということで改善を求め、できなければ退職か降格すべきです。

　そのためのステップとしての書式です。

〇年〇月〇日

〇〇〇〇　殿

株式会社〇〇〇〇

人事部長　〇〇〇〇

注　意　書

　会社は、貴殿に対し、下記左側の職務遂行能力・内容を求め、このことは〇年〇月〇日付業務指導書にて明確に伝え、そのうえで、改善を指導しましたが、貴殿の改善努力・内容は下記右側のとおりであって、会社の求める水準に達していません。

　改めて改善を求めるとともに、改善がされないときは人事上の対応をせざるを得ないことを注意いたします。

記

会社の求める能力・職務内容	貴殿の職務遂行内容
1．PC 操作能力 　①　〇〇〇〇〇 　②　〇〇〇〇〇	1．PC 操作能力について 　①　〇〇〇〇〇 　　（時系列に指摘、以下同）
2．経理知識 　〇〇〇〇〇	2．経理知識について 　〇〇〇〇
3．職務遂行のスピード 　少なくとも他の社員と同程度のスピードで処理できるように	3．職務遂行のスピードについて
4．職務遂行の正確性 　少なくとも他の社員と同程度の正確性で処理できるように	4．職務遂行の正確性について

5．チームワーク 　　同じ職務を担当する他の社員と協調し、顧客ないし部門外からの電話等の問合せがあるときは分担し合って対応し、特定の人に負担が片寄らないように	5．チームワークについて

　対照一覧表にして、企業の求める能力・内容と当該社員がそれに未達であることを時系列に記述することで、誰もがわかりやすいようにして、改めて改善を求め、このまま未達のときは人事上の対応をせざるを得ないとして、当該社員にそのことを認識させます。

　本書式は、**書式14**と対応して用意しました。すなわち、同書式はフローチャートの最初（１か月目くらいまで）に出す書式ですが、その後、指摘した５つの項目について、改善の過程が時系列で積み上がりますので、２か月目くらいからそれを本書式で記録し、客観化（可視化）する狙いです。

○年○月○日

○○○○　殿

株式会社○○○○

人事部長　　○○○○

注　意　書

　会社は、貴殿に対し、下記左側の職務遂行能力・内容を求め、このことは○年○月○日付業務指導書にて明確に伝え、そのうえで、改善を指導しましたが、貴殿の改善努力・内容は下記右側のとおりであって、会社の求める水準に達していません。

　改めて改善を求めるとともに、改善がされないときは人事上の対応をせざるを得ないことを注意いたします。

記

会社の求める能力・職務内容	貴殿の職務遂行内容
１．総務○○課の部下のマネジメント 　・　日頃の労務管理 　・　部下からの相談等への適切な対応 　・　半期、年度ごとの人事考課、賞与・昇給の決定	１．総務○○課の部下のマネジメントについて （時系列に指摘、以下同）
２．総務○○課の年度計画の作成・遂行 　・　総務部の年度計画に則った○○課自体の年度計画を作成すること	２．総務○○課の年度計画の作成・遂行について
３．総務○○課の今後の改善等への意見・提言	３．総務○○課の今後の改善等への意見・提言について

　この書式は、**書式16**と同様の趣旨で**書式15**の発展型として用意したものです。**書式16**の解説をお読みください。

退職合意書

　株式会社〇〇〇〇（以下、「甲」という）と〇〇〇〇（以下、「乙」という）とは、乙が甲を円満に退職するにあたり、以下のとおり合意した（以下、「本合意書」という）。

（合意退職）
第1条　甲と乙は、甲乙間の雇用契約を〇年〇月末日付けで解約し、乙が甲を退職することを合意する。乙の退職に際し、甲が発行する離職票は〇〇とする。

（退職金の支払い）
第2条　甲は乙に対し、会社都合の規定退職金〇〇〇円を退職金規程に則って支払う。

（誠実義務）
第3条　乙は、乙の退職日の前後を問わず、甲の事業活動に不利益となる言動を行わない。
　　2　甲は、乙の退職日の前後を問わず、乙の再就職活動に不利益となる言動を行わない。

（清算条項）
第4条　甲と乙は、本合意書に定める他、乙の退職後の守秘義務等乙が退職後も負うべきとされる義務を除き、甲乙間において何らの債権債務が存在しないことを相互に確認する。
　　2　乙は、本合意書締結前の事由に基づき、甲および甲の親会社、関連会社、これらの役員・従業員に対し、一切の訴訟上・訴訟外の請求を行わないことを、ここに同意し確認する。

（準拠法等）

第5条　本合意書は日本法によって支配され解釈されるものとし、管轄裁判所は東京地方裁判所とする。

　以上の合意が成立したので、本合意書を2通作成し、甲乙それぞれ署名したうえ、各1通を所持することとする。

　〇年〇月〇日

　　　　　　　甲　………………………………………… ㊞
　　　　　　　乙　………………………………………… ㊞

書式解説

　シンプルな退職合意書（**書式8**）に誠実義務を追加し、契約書としても本格的に文言を整えた書式です。この合意書の内容は、企業が特に優遇条件（退職加算金とか、退職までの期間猶予とか）を認めてはいないので、同書の内容に関する守秘義務はわざと入れていません。守秘してもらう内容がないのに守秘義務を入れると、守秘させる何かがあったのでは、と変な疑いが生じるからです。

　甲は、代表取締役か人事部長等人事権のある者が署名します。

○年○月○日

○○○○　殿

　　　　　　　　　　　　　　株式会社○○○○

　　　　　　　　　　　　　　人事部長　　○○○○

解雇通知書

　貴殿には、会社就業規則第24条２号「労働能力もしくは能率が甚だしく低く、または甚だしく職務怠慢であり勤務に堪えないと認められたとき」に該当する事由があるので、同第25条に基づいて、貴殿を本日限り解雇いたします。

　なお、解雇予告金は、貴殿の給与振込口座に本日振り込みますので、ご確認ください。

以　上

書式解説

　口頭で注意したうえ文書で注意したのに改善がされなければ、解雇しても解雇権濫用とならないでしょう。予告期間を置いたうえでの解雇通知で、記載事項は、解雇日と（就業規則の）解雇の事由（本書式は、Ⅱ－４の解雇規定を受けて作成しています。**書式20**も同様です）、解雇する旨および解雇予告金の支払手続についてだけ、という必要最小限のものです。

　ただ、解雇された者から、労基法22条に基づいて解雇の具体的な理由の説明を求められるのは容易に予想される展開なので、準備しておく必要があります。

○年○月○日

○○○○　殿

株式会社○○○○

人事部長　　○○○○

解雇通知書

　貴殿には、会社就業規則第24条2号「労働能力もしくは能率が甚
だしく低く、または甚だしく職務怠慢であり勤務に堪えないと認め
られたとき」に該当する事由があるので、同第25条に基づいて、貴
殿を本通知書到達後30日経過する12月○日限り解雇いたします。

以　上

書式解説

　書式19の予告期間を置いた場合の書式です。

○年○月○日

○○○○　殿

株式会社○○○○
人事部長　　○○○○

注　意　書

　貴殿は、勤務中、同じ部署のメンバーと協調せず、他のメンバーに○○○等の暴言（筆者注：可能な限り言動を特定する。できれば日時・場所も）をしたり、これを○○部長が注意したことに対しても○○○等の発言をしたりして、組織の和を乱し、上司の注意にも従わない。

　貴殿のこれらの言動は、就業規則第○条○号（服務規律の規定）に違反するものである。今後こういった言動が繰り返されるときは、会社は、就業規則に則った人事上の対応をすることとなるので、その旨厳重に注意するものである。

書式解説

　問題社員に言い分を聞くと、いろいろ弁解したり、調査自体をパワハラだとか職権濫用だとか非難したりしますが、調査の結果に基づいて、毅然たる対応をしてください。問題社員の反論にのまれてしまって、中途半端な対応にならないようにしてください。

　注意書を交付したときは、問題社員からその写し（コピー）に、受け取った旨の署名をとってください。ただし、問題社員が受取りを拒否することがあります。その対応のためにも、手渡しする前に内容をすべて読み上げて、注意書の写しにその経過をメモしてください。問題社員が受け取って破り捨てたとしても、受け取った時点で文面の内容が到達していますので、その前提で進めて結構です。

○年○月○日

○○○○　殿

○○○○

誓　約　書

　私は、勤務中、同じ部署のメンバーと協調せず、他のメンバーに○○○等の暴言をしたり、これを○○部長が注意したことに対しても○○○等の発言をしたりして、組織の和を乱し、上司の注意にも従いませんでした。

　私のこれらの言動は、就業規則第○条○号（服務規律の規定）に違反するものであることは、よく理解しました。

　今後こういった言動を行わないことを誓約するとともに、もし行ったときは、会社より就業規則に則った人事上の対応がされることは、よく理解しております。

以　上

書式解説

　もし問題社員が誓約書を提出すると言うなら、それを受け取ってください。ただし、誓約書をつくらせる前に、口頭で内容をよく確認し合って、ポイントのずれた誓約書をつくらせないようにしてください。

　注意書との関係についてですが、注意書は必ず交付したうえで、誓約書はその注意書の内容が反映されながら本人の気持ちが入ったものを出させるのが一番よいでしょう。あらかじめ会社のほうで注意書と同内容の誓約書を用意するのも悪くはありません。

○年○月○日

○○○○　　殿

株式会社○○○○
人事部長　　○○○○

停職処分通知書

　貴殿は、勤務中、同じ部署のメンバーと協調せず、他のメンバーに○○○等の暴言をしたり、これを○○部長が注意したことに対しても○○○等の発言をしたりして、組織の和を乱し、上司の注意にも従わない。

　貴殿のこれらの言動は、就業規則第○条○号（服務規律の規定）に違反するものである。

　このため、会社から本年（○年）○月○日付注意書にて注意されたが、貴殿はその後も同様の言動を繰り返し、他のメンバーに○○○等の暴言をしたりして、組織の和を乱した。

　以上から、会社としては、貴殿には、就業規則第○条１号（「本規則、会社の定める諸規程または法令に違反したとき」）、および同３号（「勤務に関し注意されたにもかかわらず改善しないとき」）に該当するので、同第△条３号（停職）を適用し、貴殿に○年○月○日より１週間（暦日で計算）の停職処分とする旨通知する。

以　上

　協調性の欠如を繰り返す問題社員は、会社の秩序や組織への脅威であり、秩序違反行為者として、懲戒処分を行うべきです。ただ、暴言で組織の和を乱すという程度では、なかなか退職までは持っていきにくいといえます。

　そこで、中程度の懲戒処分をして、改善更生のチャンスを与えつつ、もしそのチャンスを生かさなければ、次のステップ（退職）に進むための布石とします。そのためにも、秩序違反行為の特定と根拠（服務規律の規定）は明確にしておく必要があります。

〇年〇月〇日

〇〇〇〇　殿

株式会社〇〇〇〇
人事部長　　〇〇〇〇

解雇通知書

　貴殿は、勤務中、同じ部署のメンバーと協調せず、他のメンバーに〇〇〇等の暴言をしたり、これを〇〇部長が注意したことに対しても〇〇〇等の発言をしたりして、組織の和を乱し、上司の注意にも従わない。貴殿のこれらの言動は、就業規則第〇条〇号（服務規律の規定）に違反するものである。

　このため、貴殿は、〇年〇月〇日、停職処分を受けたが、その後も他のメンバーに〇〇〇等の暴言をしたりして改善することをしない。

　貴殿のかかる行動・態度は、就業規則第〇条2号（「労働能力もしくは能率が甚だしく低く、または甚だしく職務怠慢であり勤務に堪えないと認められたとき」）、同3号（「諭旨解雇または懲戒解雇の該当事由があるとき」）、さらには同7号（「前各号に準ずる事由があるとき」）に該当するので、会社としては貴殿を、本日限り解雇する。

　なお、解雇予告金は貴殿の給与振込口座に本日振り込むので、確認されたい。

以　上

　中程度の懲戒処分を受けても改善することなく、組織の和を乱すことを繰り返す問題社員は、改善の見込みがなく、社員としてふさわしくないので退職してもらう他ありません。退職勧奨に応じることはまずないでしょうから、解雇をします。もっとも、懲戒解雇までするかはリスクもあるので、慎重に見極める必要があります。本人の言い分も多少あるというなら、一段下げて普通解雇ということになるでしょう。

　万一、退職勧奨をしたところ、当該社員が応じるのであれば、**書式18**等を使って退職合意書を取り交わしてください。

○年○月○日

○○○○　殿

株式会社○○○○

人事部長　○○○○

厳重注意書

　貴殿は、就業時間中私用メールを日常的かつ頻繁に送信していたが、このような行為は、職務専念義務に違反するとともに、会社備品の私的利用であって会社就業規則第○条○号（服務規律の規定）に違反するものである。

　もっとも、貴殿は、上記行為を指摘されて、深く反省していることに照らし、今回に限っては懲戒処分をしないが、これらの行動は今後二度となきよう厳重に注意するものである。

以　上

【書式解説】

　注意すべき事実を指摘し（「就業時間中私用メールを日常的かつ頻繁に送信していた」）→それを評価し（「職務専念義務に違反するとともに、会社備品の私的利用であって会社就業規則第○条○号違反」）→反省しているゆえ懲戒処分ではなく厳重注意にとどめた、と経緯・内容がわかるよう文章にします。

　もっと軽い注意をするときは口頭になるでしょうが、その場合に注意したことを業務報告に残すときは、**書式2**のようにしてください。

○年○月○日

○○○○　殿

株式会社○○○○
人事部長　○○○○

確　認　書

　貴殿が業務に従事し業務用車両を運転中に起こした事故に関し、会社が被った損害合計金163万2,000円につき、貴殿より30万円の弁償があったことから、これを領収したことを確認する。

以　上

書式解説

　会社にいくら損害が生じ、そのうちどの程度の金額を社員に弁償させたかを明確にするものです。ただ、領収証ではなく、確認書という表題にしてギラつかないようにしました。重過失や故意でなく通常の過失のときは、全額を社員に弁償させることは制限されますので（茨石事件　最一小判昭51．7．8）、これを意識しながら、他方で労務管理の観点からは一定の負担をさせるべきケースもあるので、それらを調整するのです。

○年○月○日

○○○○　殿

株式会社○○○○

人事部長　　○○○○

懲戒解雇通知書

　貴殿には、就業規則第○条１号（「本規則、会社の定める諸規程または法令に違反したとき」）、および同３号（「勤務に関し注意されたにもかかわらず改善しないとき」）に該当しますので、同第△条６号（懲戒解雇）に基づき、貴殿を本日限り懲戒解雇いたします。

　なお、解雇予告金は、貴殿の給与振込口座に本日振り込みますので、ご確認ください。

書式解説

　極刑やむなしという事実関係であれば懲戒解雇をしますが、その場合の書式です。懲戒処分はその理由の追加的主張が制限されるので（山口観光事件　最一小判平８.９.26）、処分の相当性（重すぎる、と主張される）の争われやすい懲戒解雇においては、不用意に懲戒解雇事由としての具体的事実は書かないほうがよいです。当該被解雇者が争うときには、労基法22条に基づいて解雇理由の説明書の交付請求をしてきますので、それまでにしっかりミスなく用意しておくほうがよいということです。

○年○月○日

事 情 聴 取 書

株式会社○○○○
人事部　　○○○○
被聴取者　△△△△

　××××が申立てした件（以下、「本件」という）につき、当職が△△△△（以下、「被聴取者」という）より事情聴取した結果は、次のとおりです。被聴取者からは、本書の最後に確認の署名をもらっております。

　なお、本件について被聴取者に対し、事案の性質上関係者のプライバシーの問題があるので、本事情聴取の結果を第三者に一切開示しないこと等、守秘の約束をしてもらっております。

１．事情聴取の日時等
　①　日時　　○年○月○日
　②　場所　　○○○第３会議室
　③　聴取者　○○　および　当職

２．事情聴取内容
（１）　××××と被申立人（加害者とされる）の職場上・私生活上の関係と被聴取者の立場について
　　ア．××××について

　　イ．被申立人について

　　ウ．両者の職場上の関係

エ．両者の私生活上の関係

オ．被聴取者の△△△△と被申立人との関係、および上記
　　ウ、エについて知りうる立場かについて

（2）　申立事項1について知りうること（筆者注：客観的資料は
　　文中に引用するとともに、その資料の写しを本書に添付す
　　る）

（3）　申立事項2について知りうること（筆者注：客観的資料は
　　文中に引用するとともに、その資料の写しを本書に添付す
　　る）
　　　　　　　：
　　　　　　　：
　　　　　　　：
以上、私が説明した結果に間違いありません。

○年○月○日
○○○○（署名）

　本書式は、セクハラ事件を念頭にした事情聴取書です。

　被聴取者に聴取結果の確認をさせることと、守秘義務を負わせることが、重要なポイントです。事情聴取の仕方についても、本書式の順に整理すれば、自ずとできるはずです。

　（２）（３）は例示です。被害者とされる申立人からの申立ての内容に対しての聴取結果を記入します。これらは申立人からの申立事項の数により変わります。

　セクハラにしろパワハラにしろ、具体的事実を必ず日時・場所・発言または行動内容で特定してください。そうしないと、その後に行う調査や弁明の機会の付与、あるいは懲戒・人事上の処分が空回りします。

〇年〇月〇日

株式会社〇〇〇〇
代表取締役社長　〇〇〇〇　殿

株式会社〇〇〇〇
人事部長　〇〇〇〇

報　告　書

　〇〇〇〇（以下、「申告者」という）より申告のあったセクシュアルハラスメント事件（被申告人××××、以下、「被申告者」という）につき、調査した結果は次のとおりであるので、その旨報告するため本書を作成する。

第1．申告事実
　申告者より申告のあったセクシュアルハラスメントの具体的内容は、次のとおりである。
　　1．〇年〇月〇日、……

　　2．〇年〇月〇日、……

第2．資料より認定した事実
　会社が、関係資料および申告書、被申告者より事情聴取した結果に基づき、認定した事実は、次のとおりである。
　　1．第1、1の申告について

　　2．第1、2の申告について

第3．第2の評価
　会社は、第2の認定した事実につき、就業規則等に照らし、次の

とおり評価する。

　　１．第２、１の事実について

　　　就業規則第○条○号で禁止するセクシュアルハラスメントに該当する。加えて、行為内容は執拗でかつ悪質であり、きわめて問題である。

　　２．第２、２の事実について

　　　上記１と同様、セクシュアルハラスメントに該当する。

　　　もっとも、発言内容は、抽象的で軽率なところは見受けられるが、それ以上とは思えない。

　　　　　　　　　　　⋮

　　　　　　　　　　　⋮

第４．結　論

　第１．の申告事実のうち、第２．に報告するとおり、同１、２は認められ、その評価は第３．のとおりであるので、被申告者にはしかるべき懲戒処分、人事上の対応等が必要であり、申告者にはしかるべき配慮が必要と思料する。

書式解説

　かなりかちっとした報告書ですが、これを崩した簡易なものでも結構です。要するに、何をどの順序でやっていくのかがわかるようにと考え、この書式を作成しました。

　調査では、とにかく、申告書の主張を特定すること、そして、その主張に対応する事実があるかを調査し認定すること、そのうえで、どれだけ問題か、あるいは問題ではないかを評価すること（事実認定と評価がごちゃごちゃにならないよう注意してください）、そして、それを前提に、申告者、被申告者に一定の人事上の対応（懲戒処分も含めて）ないし申告者に対する配慮を検討し、実施することが必要ということです。

○年○月○日

示　談　書

○○○○　（加害者）
××××　（被害者）
立会人
株式会社○○○○
人事部長　△△△△

　上司○○○○（以下、「甲」という）と部下××××（以下、「乙」という）は、甲が乙に行った下記内容の行為（筆者注：パワハラの特定）（以下、「本件行為」という）につき、次の条項で和解（以下、「本和解」という）する。△△△△（以下、「立会人」という）は、下記内容で甲乙間に和解が成立したことを確認する。

記

1．日　時　　○年○月○日
2．場　所　　○○○
3．行　為　　○○○

（謝　罪）
第1条　甲は乙に、本件行為につき、本書面にて謝罪する。

（解 決 金）
第2条　甲は乙に対し、本件行為の解決として金○○万円を本日和解の場で支払い、乙はこれを受け取った。

第3条　甲と乙は、本件行為については本和解にて円満解決し、甲
　　　　乙間には本示談書に記載されたことの他には、何ら債権債務
　　　　がないことを確認する。また、乙は、乙と会社間において
　　　　も、甲乙間の円満解決によって、本件行為については、何ら
　　　　債権債務のないことを確認する。

（会社の人事権）
第4条　会社は、懲戒権も含めた甲への人事権を、本和解を情状の
　　　　1つとして斟酌して行使する。具体的な処分は、別途、会社
　　　　より甲に連絡するものとする。

書式解説

　職場でのパワハラは、被害者が加害者（通常、上司）と会社を相手
に損害賠償を請求しうる紛争類型です。ただ、被害者によっては、会
社にまで請求する考えはないという者も多くいます。

　いずれにしても、社内に社員間の紛争を抱えることは大きなリスク
なので、本書式のように、和解させ、かつ会社との関係でも解決した
ことが入れられれば入れ（第3条）、他方、会社の加害者への人事権
の行使は別であることを明記します。ただし、示談書の締結までする
パワハラ事件は重大なケースの場合です。軽微なときは、ここまです
る必要はありません。事案の重大性の有無で判断してください。

　なお、解決金の支払いは、後に不履行とならないよう、加害者に
は、示談の席に持参させ、締結時に支払わせ（第2条参照）、一気に
解決してしまいます（**書式31**も同じ発想です）。

○年○月○日

示　談　書

○○○○（加害者）

××××（被害者）

立会人

株式会社○○○○

人事部長　△△△△

　○○○○（以下、「甲」という）と××××（以下、「乙」という）および株式会社○○○○（以下、「丙」という）は、甲が乙に行った○年○月○日より同○年○月○日までのセクシュアルハラスメント行為（以下、「本件行為」という）につき、次の条項で和解（以下、「本和解」という）する。

記

（謝　　罪）

第1条　甲は乙に、本件行為につき、本書面にて謝罪する。

（解 決 金）

第2条　甲は乙に対し、本件行為の解決として金○○万円を本日和解の場で支払い、乙はこれを受け取った。

（人事上の処分）

第3条　本件行為を受けて、丙は、甲に対し、○年○月○日付で○○部への配置転換を命ずるとともに、調査委員会の調査結果に基づき、○年○月○日、出勤停止○日（○年○月○日より

　　　　○月○日まで）の懲戒処分を行った。

（清算条項）
第4条　甲乙丙は、本件行為については、甲乙間、乙丙間において
　　　　は本和解にて円満解決し、本示談書に記載されたことの他に
　　　　は、何ら債権債務がないことを確認する。

書式解説

　職場でのセクハラは、被害者が加害者（通常、上司）と会社を相手
に損害賠償を請求しうる紛争類型です。そして、現に被害者によって
は、会社も相手に請求します。

　本書式は、被害者、加害者、会社の三者で示談するときの書式で
す。本件行為の特定は、セクハラの場合には、パワハラと違って、具
体的に特定しすぎると被害者の感情を害するので、期間でくくって特
定することのほうが妥当です。ただし、示談書の締結までするセクハ
ラ事件は、重大なケースの場合だけです。これは、**書式30**と同様で
す。

コンプライアンス規程

（目　　的）
第1条　本規程は、当社および当社従業員等の不正行為等の早期発
　　　　見と是正を図り、もって、当社のコンプライアンス経営の強
　　　　化に資することを、目的とする。

（通報対象事項）
第2条　本規程の対象は、当社の業務に関連する次の事項（以下、
　　　　「通報対象事項」という）とする。
　　　①　法令違反
　　　②　当社の規則・規程違反

（通　報　者）
第3条　通報は、当社従業員（正社員の他、契約社員・パート・ア
　　　　ルバイトを含む）、派遣労働者、業務受託会社の従業員、取
　　　　引事業者の従業員（以下、「従業員等」という）ができるも
　　　　のとする。

（受付、通報受付者）
第4条　従業員等からの通報受付（以下、「通報受付」という）は、
　　　　コンプライアンス部長、監査役（以下、まとめて「通報受付
　　　　者」という）とする。

（通報の受付方法）
第5条　通報は、所定の電子メール・書面とする。
　　　2　通報は、顕名または匿名のいずれも受け付けるが、匿名の
　　　　場合は、情報提供と位置付ける。
　　　3　通報者は、通報内容には第2条の対象事項を特定し、手持

ちの資料がある場合は資料を添付して提出することとする。

 4 匿名の場合を除き、通報受付者は、前項の条件を充足するよう、補正等を求めることができる。

 5 通報受付者は、通報が前各項の条件を充足した場合、調査担当者（次条第1項で定義）に当該通報内容を速やかに通知する。

（不正の目的による通報の禁止）

第6条 通報者は、単なる意見表明、人事上の不満に基づく通報、虚偽の通報、他人を誹謗中傷する通報その他の不正な目的の通報を行ってはならない。

 2 前項の場合、当社は通報を受け付けないことができるものとし、また、当該通報を行った者に対し、就業規則に従って処分を課すことができる。

（調 査）

第7条 通報対象事項の調査は、通報受付者がコンプライアンス部員の中から指名した者（以下、「調査担当者」という）が行うものとする。

 2 通報受付者は、対象事項の重大性・性格によっては、関連する部署のメンバーあるいは弁護士を選任して調査に参加を求め、調査チームを設置することができる。

（協力義務等）

第8条 従業員等は、通報対象事項の調査に協力しなければならない。

 2 調査対象となった者は、調査にあたって事実の隠匿もしくは歪曲または虚偽の回答その他調査を妨げる行為を行ってはならず、通報者の名前の開示を受けたときは、個人情報の保護のため第12条の定めを遵守しなくてはならないし、通報者の名前の開示を受けなかった場合でも、通報者の名前の探索

をしてはならない。

（調査結果のまとめ）

第9条　調査担当者は、調査結果に基づき事実認定し、これらを整理したうえで、通報受付者に文書で報告しなければならない。

　　2　通報受付者は、前項の報告を受けたときは、通報対象事項に関しコンプライアンス経営に必要な部署と同報告を共有し、第1条の目的を実行できるようにするものとする。

（是正措置等）

第10条　前条の結果、コンプライアンス違反が明らかになった場合、当社は、速やかに是正措置および再発防止措置を講じなければならず、当該行為に関与した者に対し、就業規則に従って処分等を課す。

（通　　知）

第11条　当社は、通報者に対して、通報を受け付けた時点でその旨、調査結果および是正結果が出た時点ではその旨を、被通報者（通報対象事項を行った、または行おうとしていると通報された者をいう）のプライバシーに配慮しつつ、遅滞なく通知しなければならない。ただし、匿名の通報の場合は、この限りではない。

（通報者の保護）

第12条　通報者は、通報したことを理由として、解雇その他いかなる不利益取扱いもされることはない。ただし、第6条の通報の場合は、この限りではない。

　　2　当社は、通報者が通報したことを理由として、通報者の職場環境が悪化することのないように適切な措置をとるものとする。また、通報者に対して不利益取扱いや嫌がらせ等を

行った者（通報者の上司、同僚などを含む）がいた場合には、就業規則に従って処分または注意・指導を行うこととする。

（個人情報の保護）
第13条 本規程に定める業務に携わる者（以下、「案件担当者」という）は、法令に基づき開示する場合を除き、通報内容および調査で得られた個人情報を案件担当者以外の第三者に開示してはならない。ただし、第9条の処理をする場合と第14条2項の報告をする場合は、この限りではない。

（所轄と改廃）
第14条 コンプライアンス部長は、受付後調査等の一連の記録（以下、「通報記録」という）を作成する。
　　2　コンプライアンス部長は、監査役、コンプライアンス担当役員に対し、前項に定める通報記録を少なくとも年1回報告する。

付　則　本規程は○年○月○日に施行するものとする。

書式解説

　コンプライアンス経営の強化のための規程であることを明確にし、通報対象事項等も一義的にし、通報するにおいても濫用されないようきちんとした情報に基づいて通報するようにしました。濫用による企業の負担を最小化しつつ、本来のコンプライアンス経営のためにしっかりした調査を迅速にすることも確保するものです。

〈就業規則の規定〉

（職場におけるハラスメントの禁止）

第□条　パワーハラスメント、セクシュアルハラスメント及び妊娠・出産・育児休業等に関するハラスメントについては、第〇条（服務規律）及び第△条（懲戒）のほか、詳細は「職場におけるハラスメントの防止に関する規定」により別に定める。

〈詳細について定めた別規程〉

職場におけるハラスメントの防止に関する規程

（目　　的）

第1条　本規定は、就業規則第□条に基づき、職場におけるパワーハラスメント、セクシュアルハラスメント及び妊娠・出産・育児休業等に関するハラスメント（以下「職場におけるハラスメント」という）を防止するために従業員が遵守するべき事項を定める。

　　　なお、この規定にいう従業員とは、正社員だけではなく、契約社員及び派遣労働者も含まれるものとする。

（パワーハラスメント、セクシュアルハラスメント及び妊娠・出産・育児休業等に関するハラスメントの定義）

第2条　パワーハラスメントとは、優越的な関係を背景とした言動であって、業務上の必要かつ相当な範囲を超えたものにより、就業環境を害することをいう。なお、客観的にみて、業務上必要かつ相当な範囲で行われる適正な業務指示や指導については、職場におけるパワーハラスメントには該当しない。

2　セクシュアルハラスメントとは、職場における性的な言動に対する他の従業員の対応等により当該従業員の労働条件に関して不利益を与えること又は性的な言動により他の従業員の就業環境を害することをいう。また、相手の性的指向又は性自認の状況にかかわらないほか、異性に対する言動だけでなく、同性に対する言動も該当する。

3　前項の他の従業員とは直接的に性的な言動の相手方となった被害者に限らず、性的な言動により就業環境を害されたすべての従業員を含むものとする。

4　妊娠・出産・育児休業等に関するハラスメントとは、職場において、上司や同僚が、従業員の妊娠・出産及び育児等に関する制度又は措置の利用に関する言動により従業員の就業環境を害すること並びに妊娠・出産等に関する言動により女性従業員の就業環境を害することをいう。なお、業務分担や安全配慮等の観点から、客観的にみて、業務上の必要性に基づく言動によるものについては、妊娠・出産・育児休業等に関するハラスメントには該当しない。

5　第1項、第2項及び第4項の職場とは、勤務部店のみならず、従業員が業務を遂行するすべての場所をいい、また、就業時間内に限らず、実質的に職場の延長とみなされる就業時間外の時間を含むものとする。

（禁止行為）
第3条　すべての従業員は、他の従業員を業務遂行上の対等なパートナーとして認め、職場における健全な秩序並びに協力関係を保持する義務を負うとともに、その言動に注意を払い、職場内において次の第2項から第5項に掲げる行為をしてはならない。また、自社の従業員以外の者に対しても、これに類する行為を行ってはならない。

2　パワーハラスメント（第2条第1項の要件を満たした以下のような行為）

① 殴打、足蹴りするなどの身体的攻撃

② 人格を否定するような言動をするなどの精神的な攻撃

③ 自身の意に沿わない従業員に対して、仕事を外し、長期間にわたり、別室に隔離するなどの人間関係からの切り離し

④ 長期間にわたり、肉体的苦痛を伴う過酷な環境下で、勤務に直接関係ない作業を命じるなどの過大な要求

⑤ 管理職である部下を退職させるため誰でも遂行可能な業務を行わせるなどの過小な要求

⑥ 他の従業員の性的指向・性自認や病歴などの機微な個人情報について本人の了解を得ずに他の従業員に暴露するなどの個の侵害

3 セクシュアルハラスメント（第2条第2項の要件を満たした以下のような行為）

① 性的及び身体上の事柄に関する不必要な質問・発言

② わいせつ図画の閲覧、配付、掲示

③ うわさの流布

④ 不必要な身体への接触

⑤ 性的な言動により、他の従業員の就業意欲を低下せしめ、能力の発揮を阻害する行為

⑥ 交際・性的関係の強要

⑦ 性的な言動への抗議又は拒否等を行った従業員に対して、解雇、不当な人事考課、配置転換等の不利益を与える行為

⑧ その他、相手方及び他の従業員に不快感を与える性的な言動

4 妊娠・出産・育児休業等に関するハラスメント（第2条第4項の要件を満たした以下のような行為）

① 部下の妊娠・出産、育児・介護に関する制度や措置の利用等に関し、解雇その他不利益な取扱いを示唆する言動

② 部下又は同僚の妊娠・出産、育児・介護に関する制度や

措置の利用を阻害する言動

③　部下又は同僚が妊娠・出産、育児・介護に関する制度や措置を利用したことによる嫌がらせ等

④　部下が妊娠・出産等したことにより、解雇その他の不利益な取扱いを示唆する言動

⑤　部下又は同僚が妊娠・出産等したことに対する嫌がらせ等

5　部下である従業員が職場におけるハラスメントを受けている事実を認めながら、これを黙認する上司の行為

（懲　　戒）

第4条　次の各号に掲げる場合に応じ、当該各号に定める懲戒処分を行う。

①　第3条第2項（①を除く。）、第3条第3項①から⑤及び⑧及び第4項の行為を行った場合

就業規則第▽条第1項①から④までに定めるけん責、減給、出勤停止又は降格

②　前号の行為が再度に及んだ場合、その情状が悪質と認められる場合、第3条第2項①又は第3条第3項⑥、⑦の行為を行った場合

就業規則第▽条⑤に定める懲戒解雇

（相談及び苦情への対応）

第5条　職場におけるハラスメントに関する相談窓口は本社及び各事業場で設けることとし、その責任者は人事部長とする。人事部長は、窓口担当者の名前を人事異動等の変更の都度、周知するとともに、担当者に対する対応マニュアルの作成及び対応に必要な研修を行うものとする。

2　職場におけるハラスメントの被害者に限らず、すべての従業員は、パワーハラスメントや性的な言動、妊娠・出産・育児休業等に関する就業環境を害する言動に関する相談を相談

窓口の担当者に申し出ることができる。

3　対応マニュアルに沿い、相談窓口担当者は相談者からの事実確認の後、本社においては人事部長へ、各事業場においては所属長へ報告する。報告に基づき、人事部長又は所属長は相談者のプライバシーに配慮した上で、必要に応じて行為者、被害者、上司その他の従業員等に事実関係を聴取する。

4　前項の聴取を求められた従業員は、正当な理由なくこれを拒むことはできない。

5　対応マニュアルに沿い、所属長は人事部長に事実関係を報告し、人事部長は、問題解決のための措置として、第4条による懲戒の他、行為者の異動等被害者の労働条件及び就業環境を改善するために必要な措置を講じる。

6　相談及び苦情への対応に当たっては、関係者のプライバシーは保護されるとともに、相談をしたこと又は事実関係の確認に協力したこと等を理由として不利益な取扱いは行わない。

（再発防止の義務）
第6条　人事部長は、職場におけるハラスメント事案が生じた時は、周知の再徹底及び研修の実施、事案発生の原因の分析等、適切な再発防止策を講じなければならない。

（その他）
第7条　性別役割分担意識に基づく言動は、セクシュアルハラスメントの発生の原因や要因になり得ること、また、妊娠・出産・育児休業等に関する否定的な言動は、妊娠・出産・育児休業等に関するハラスメントの発生の原因や背景となり得ることから、このような言動を行わないよう注意すること。

附則　本規定は令和〇年〇月〇日より実施する。

休職規程

（目　　的）
第1条　この規程は、就業規則第○条に基づき、社員の休職に関する基準を定めることを目的とする。

（休職事由）
第2条　会社は、社員が次の各号の一に該当する場合は、休職を命ずる。
　① 　勤続1年以上の社員が業務外の傷病によって連続1か月欠勤したとき
　② 　地方自治体等の議員等に就任したとき
　③ 　刑事事件で起訴されたとき
　④ 　労働協約に基づき組合専従者となったとき
　⑤ 　ボランティア・海外留学等のため職務に就くことができなくなったとき
　⑥ 　出向を命じられたとき
　⑦ 　前各号のほか会社が必要と認めたとき

（休職期間）
第3条　前条の休職期間は、次のとおりとする。ただし、①の勤続年数は、入社日から欠勤期間の開始日までの期間により計算する。
　① 　前条1号の場合
　　（1）　勤続1年以上3年未満の者　　　　　6か月
　　（2）　勤続3年以上5年未満の者　　　　　1年
　　（3）　勤続5年以上の者　　　　　　　　　1年6か月
　② 　前条2号の場合は、公職就任期間（ただし、一期限りとする）

③ 前条3号の場合は、判決が確定するまでの期間

④ 前条4号の場合は、労働協約に定める期間

⑤ 前条5号の場合は、会社が必要と認めた期間

⑥ 前条6号の場合は、出向規程等に定める期間。なお、規程がないときには会社が個別に決める期間

⑦ 前条7号の場合は、会社が個別に決める期間

2　前項の休職期間は、会社が延長の必要を特に認めたときは、その必要な期間延長することがある。

3　前条1号により休職となった者が復職後1年以内に同一または類似の傷病により再び会社を休んだ場合は、欠勤期間を経ることなく直ちにこれを休職とする。この場合、前の休職期間の上限を限度とする。

（復　　職）

第4条　会社は、休職者の休職事由が休職期間満了までに消滅した場合は、復職させる。前条1項1号の休職者は、復職において、主治医の診断書、および会社の指示に従って産業医ないし産業医の推薦する医師の診断書を提出しなければならない。

（退　　職）

第5条　休職期間が満了したにもかかわらず、休職事由が消滅せずあるいは復職をしなかったときには、その休職期間満了日をもって当該休職者は退職とする。

（私傷病休職の場合の処遇）

第6条　第3条1項1号の休職者には、会社は休職期間中賃金を支給しない（無給）。なお、賞与査定期間中に休職期間があるときは、その休職期間勤務がないものと扱う。

2　退職金規程または永年勤続表彰における勤続年数の計算において、休職期間は算入しない。

3　年次有給休暇における勤続期間において、休職期間は算入しない。

（公職就任休職の場合の処遇）

第7条　第3条1項2号の休職者の休職期間等の処遇については、前条各項を準用する。

（起訴休職の場合の処遇）

第8条　第3条1項3号の休職者の休職期間等の処遇については、第6条各項を準用する。

（組合専従休職の場合の処遇）

第9条　第3条1項4号の休職者の休職期間等の処遇については、第6条各項を準用する。

（私事休職の場合の処遇）

第10条　第3条1項5号の休職者の休職期間等の処遇については、第6条各項を準用する。

（出向による休職の場合の処遇）

第11条　第3条1項6号の休職者の休職期間等の処遇については、出向規程の定めるところによる。

（会社が必要と認めた休職の場合の処遇）

第12条　第3条1項7号の休職者の休職期間等の処遇については、個別に会社が決定するものとする。

　通常、企業における休職制度は、上記の内容です。

　構成で説明すると、

- 　第２条各号の事由があるとき、
- 　第３条の休職期間の休職命令を発令し、
- 　第４条で復職可能となったときは復職させ、復職不能であれば
自然退職（第５条）してもらう（なお、就業規則によっては、休
職期間満了による復職不能を解雇事由の１つと位置付けるものも
あります）、

というものです。

　筆者は、休職を本規定のように広く（第７条以下）認める必要はな
いと考えているので、次の**書式35**、**36**に私傷病休職を中心とした規
程例をご紹介します。

第●節　　休職および復職等

（休職命令）

第7条　従業員（ただし、勤続1年未満の者は除く）が次の各号の一に該当するときは休職とする。

①　業務外の傷病により1か月以上継続して欠勤もしくは債務の本旨に従った労務提供ができないと会社が判断したとき

②　特別の事情があって休職させることが適当であると会社が認めたとき

2　会社は、前項の判断のために必要な場合は、従業員に対し、会社指定の医師との面談、会社指定の医師の会社所定様式による診断書の提出、または家族等の関係者から必要な情報提供等を求めることができる。従業員は、これに応じなければならない。

（休職期間）

第8条　休職期間は、次のとおりとする。

①　前条第1項第1号の場合　6か月（結核性疾患の場合は1か年）

②　前条第1項第2号の場合　会社が必要と認めた期間

2　先行する休職期間の途中に他の傷病が発生しても、欠勤の起算は変更せず、先行する傷病の起算日による。

3　休職者が復職後6か月以内に再び休職となった場合は、前後の休職期間を通算する。

4　休職期間は、会社が必要と認めた場合には、これを延長することがある。

（休職期間中の待遇）

第9条　休職期間は無給とし、勤続年数に算入しない。

2　休職期間中の社会保険の被保険者資格は継続するものとし、本人負担分保険料は会社口座に振り込まなければならない。ただし、従業員から会社へ依頼書が提出された場合には、次項3号の取扱いによることができるものとする。

3　社会保険料以外の給与から控除される項目については、次の取扱いとする。

① 地方税、持株会等の社会保険料以外の給与から控除する項目については、会社が立替払いした金額を指定の期日までに会社口座に振り込むことにより返済しなければならない。

② 休職期間中または休職期間満了により退職する場合は、会社立替額のうち未返済額を退職金からの控除により返済する。退職金が会社立替分の返済額に満たないときは、退職者は当該金額を会社指定の期日までに会社口座に振り込むことにより返済しなければならない。

③ 従業員が会社経由で傷病手当金を受給する場合で、従業員から会社へ依頼書が提出された場合には、傷病手当金から控除のうえ控除後の金額を従業員へ支給する。

4　休職期間中は、会社が必要と認めた場合には、休職者は、休職後1か月経過後は毎月1回診断書等を提出するか、休職者の承諾を得て会社が主治医に意見書の提出を求めるものとする。この場合、従業員はその実現に協力しなければならない。

（復職の判断）

第10条　従業員は休職期間中に休職事由が消滅した場合には、速やかに復職願を提出するものとし、これに対し、会社は、復職可能と判断した場合は従業員を復職させる。

① 休職後、復職を希望する従業員は、休職の理由となった

傷病が、欠勤・休職する前に通常の業務を遂行していた時点の健康状態まで回復したこと（つまり、本節で復職可能な状態とは、欠勤・休職前に通常業務を遂行していた健康状態をいう）を、客観的な資料により会社に示さなければならない。

　　従業員が選定した医師によって作成された診断書等が会社に提出された場合であっても、会社が診断書等を発行した医師に対して、面談等のうえでの事情聴取を求めたときは、従業員はその実現に協力しなければならない。

② 　休職中の従業員が復職する際、前号の診断書が提出された場合でも、会社は、指定する医師の受診、および診断書の提出を従業員に命じることがある。従業員がこれを拒否した場合には、従業員が提出した診断書を休職事由が消滅したか否かの判断材料として採用しないことがある。なお、会社の指定する医師の受診およびその診断書発行に係る料金は、会社負担とする。

③ 　会社が、関係書類資料に基づいて当該事由がなくなったと判断した場合は、復職を命ずる。

2 　復職後の職務は、原則として休職前と同一とするが、従前の職務への復帰が困難または不適当と会社が認めた場合は、職務を変更する（ただし、職種限定特約があるときは、その範囲内）ことがある。この職務変更を命ぜられた者は、正当な理由なくこれを拒むことはできない。

（復職の判定手続）

第11条　会社は、復職の判定に際し、「職場復帰支援に関する面談記録票」（様式１号）を作成する。

2 　「職場復帰支援に関する面談記録票」の作成にあたっては、必要に応じて、次の資料を徴する。

イ 　職場復帰支援に関する情報提供依頼書（様式２号）

　　（※会社から主治医に依頼するもの）

ロ　職場復帰に関する意見書（様式３号）

　　　　　（※産業医が会社に対し就業上の意見を述べたもの）

　　３　復職に際し、必要と認める場合には、主治医に対して「職
　　　場復帰及び就業措置に関する情報提供書」（様式４号）を作
　　　成し送付する。

　　　　（※職場復帰する際に、主治医に職場の対応や就業上の措
　　　置の内容等について情報を提供するためのもの）

（リハビリ勤務）

第12条　会社は、従業員が復職可能と判断できない場合にも３か月
　　　以内に復職可能となると見込まれるときは、当該従業員に対
　　　し、リハビリ勤務を認めることがある。

　　２　前項のリハビリ勤務を認める際には、リハビリ勤務期間中
　　　の所定労働時間、それに対する賃金等の待遇、職務内容・責
　　　任を具体的に記載した確認書の締結を条件とする。

　　３　第１項のリハビリ勤務期間は、休職期間に算入する。よっ
　　　て、第８条第１項の休職期間を経過するときは、同条第４項
　　　に基づいて休職期間を延長するものとする。

（経過観察期間）

第13条　会社は、復職後６か月間は、再発予防の観点から、復職し
　　　た当該従業員の勤務遂行状況を観察する。当該期間の観察に
　　　よって、当該従業員が債務の本旨に従った労務提携ができな
　　　いと会社が判断したときは、第７条第１項第１号に基づき、
　　　休職命令を発令する。ただし、前の休職期間との関係で同発
　　　令ができないときには、自然退職とする。

書式解説

　休職制度のうちで、私傷病休職について詳細に作成するときの規定
のひな型です。休職制度の中でも圧倒的に使う場面が多いのは私傷病

休職なので、その内容を詳細に規定することで、紛争を未然に防止する目的です。

　私傷病休職は、通常、長期療養が必要な私傷病についての解雇猶予制度なので、ある程度の病気（あるいはケガ）欠勤があること（病気欠勤）を前提にします。この私傷病休職に先立つ欠勤期間を有給とするか否かは使用者の裁量です。有給にする場合、どの期間を有給とするかは使用者が専権で決められることを、明記しておくとよいでしょう。

　さて、私傷病休職の設計ですが、

- 　休職事由（第7条）は、勤続1年以上を対象とし、継続欠勤1か月の者だけでなく、これに準ずる者に対しても休職命令できるようにします（1項）。加えて、従業員の情報提供義務等を明記します（2項）。

- 　休職期間（第8条）は、原則、一律の期間とし（1項）、通算規定を置く（3項）とともに延長規定も定めます（4項）。

- 　休職期間中の待遇（第9条）は、無給とする内容です（1項）。また、休職期間中の私傷病の状況を把握できるようにします（4項）。

- 　復職（第10条）の判断にあたっては、復職可能性の定義を明記する（1項1号）とともに、使用者が、正しく判断できるよう多角的に情報を集められるようにします（1項2号以下）。そして、復職の判定は、正確を期すため手続を定めます（11条）。

- 　復職の定義を「欠勤・休職前に通常業務を遂行していた健康状態」と100％回復としますので（第10条1項1号）、それに達しないときは復職可能とはいえません。もっとも、80％回復しているのであれば、休職期間中という位置付けでリハビリ勤務を認める余地を残します（第12条）。もちろん、そのときの待遇は、他のバリバリ働く者とは違う内容にしないと不公平なので、そのようにします（同条2項）。

- 　100％回復したとして復職を認めても、再発の可能性があるので、経過観察期間を置きます（第13条）。

（休職事由）

第27条　従業員（ただし、勤続1年未満の者は除く）が、次の各号のいずれかに該当するときは、休職を命ずることがある。

①　業務外の傷病によって欠勤が引き続き1か月に及んだとき。ただし、1か月未満の出勤があっても期間を中断することはできない。

②　当社が認めた家事都合その他の事由で欠勤が引き続き1か月に及んだとき

③　その他、前各号に準ずる事由があるときで当社が必要と認めたとき

（休職期間・復職）

第28条　前条に基づいて発令する休職期間は、以下のとおりとする。ただし、①の勤続年数は、入社日から欠勤期間の開始日までの期間により計算する。

①　前条①の場合

勤続年数	休職期間
1年以上　2年未満	3か月
2年以上　5年未満	6か月
5年以上　10年未満	9か月
10年以上	12か月

②　前条②③の場合　　　当社が必要と認めた期間

2　休職期間中は賃金は支払わない。

3　休職期間満了前に休職事由が消滅したと当社が認める場合には、直ちに復職させる。ただし、旧職務と異なる職務に配置することがある。

4　休職期間が満了しても、本人に復帰の意思がないときまたはその理由が消滅しないと当社が認める場合には、期間満了

の日に自己都合退職したものとする。

5　復職後6か月以内に、同一または類似の傷病により欠勤を始めたときは、前条①の欠勤期間、本条1項①の休職期間は、通算する（この場合の休職期間の上限は、前の休職期間を基準とする）ものとする。

6　休職期間は、勤務年数に算入しない。

書式解説

　私傷病休職を独立に定める場合の簡易版のひな型です。必要最少限度の内容を規定化します。

- 休職事由（第27条）
- 休職期間とその待遇（第28条1項、2項、6項）
- 復職（第28条3～5項）

〇年〇月〇日

〇〇〇〇　殿

株式会社〇〇〇〇

人事部長　〇〇〇〇

休職発令書

　貴殿には、休職規程第２条１号（「勤続１年以上の社員が業務外の傷病によって連続１か月欠勤したとき」）の休職事由が認められることから、同条に基づき、休職を命じます。

　休職期間は、休職規程第３条１項１号の定めに基づき、〇年〇月〇日より〇年となります。

　休職期間中の処遇等は、休職規程第６条の定めるところによります。

　健康回復に十分ご留意され、元気に職場復帰されることを祈念しております。休職期間途中健康が回復され職場復帰可能となったときには、人事部〇〇宛（０３－〇〇〇〇－〇〇〇〇）にご連絡ください。

以　上

書式解説

　書式34の休職規程を前提に作成しました。

　私傷病休職命令の発令書です。

○年○月○日

○○○○　殿

株式会社○○○○

人事部長　△△△△

休職期間延長通知書

　貴殿には、休職規程第２条１号該当事由があることから、同第３条１項１号の休職期間にて休職を命じてきましたが、同休職期間満了時においても、職場復帰が可能なほどの健康回復状態ではないものの、会社では、同第３条２項に定める延長事由があると判断し、同項に基づいてさらに１か月休職期間を延長します。

以　上

書式解説

　本書式も、**書式34**の休職規程を前提に作成しています。

　休職期間を休職規程に則って延長するときの延長通知書です。延長は例外中の例外ですが、実際延長するときは、その休職者の身分をクリアにしておく必要がありますので（延長期間が終了しても復職不能なら退職になる、という重要な効果が生じるので）、文書で通知すべきです。なお、仮に休職規程上の根拠規定がないときには、労使双方の合意書によって延長することは可能です（休職規程を下回る労働条件の合意ではないと考えます）。

〇年〇月〇日

〇〇〇〇　殿

株式会社〇〇〇〇
人事部長　　〇〇〇〇

休職期間満了・退職通知書

　貴殿には、休職規程第2条1号該当事由があることから、同第3条1項1号の休職期間にて休職を命じてきましたが、同休職期間満了時においても職場復帰（復職）ができないことから、同第5条に基づき、休職期間満了日である〇年〇月〇日限りで退職（自然退職）となる旨、通知いたします

以　上

書式解説

　やはり、**書式34**の休職規程を前提に作成しました。

　休職期間満了時に（治癒せず）復職できないときは、自然退職（**書式34**の休職規程第5条）か、解雇（Ⅱ－4の解雇規定4号参照）になります（どちらかは、各企業の就業規則の定めによります）。

　本書式は、自然退職とする企業において使用する書式です。

○年○月○日

○○○○　殿

株式会社○○○○

人事部長　　○○○○

解雇通知書

　貴殿には、休職規程第2条1号該当事由があることから、同第3条1項1号の休職期間にて休職を命じてきましたが、同休職期間満了時においても、職場復帰（復職）ができないことから、就業規則第○条（「会社は、社員が次の各号の一に該当する場合は解雇する」）4号（「休職者が休職期間の満了後復職しなかったとき」）に基づいて、解雇する旨通知いたします。

　なお、解雇予告金については、本通知と同時に貴殿の給与振込口座に振込送金してお支払いいたしますので、ご確認ください。

以　上

書式解説

　書式39の解説を参照してください。

　本書式は、休職期間満了時に復職できないときは解雇するとの就業規則の規定（Ⅱ－4の解雇規定の4号）がある企業において使用する書式です。

○年○月○日

株式会社○○○○

人事部長　　○○○○

×　×　×　×

復職にあたっての合意書

　会社と××××とは、私傷病休職中（休職規程第３条１項１号）の××××が○年○月○日に休職期間が満了するところ、××××の主治医から、当面ストレスのかからない業務への従事を条件に復職可能との診断書が提出されたが、会社は産業医の意見も聴いたうえで復職可能性を見極める必要から、下記条件にて休職期間満了の翌日に復職することとしたので、その内容を双方合意します。

記

1．当面ストレスのかからない○○業務への従事する期間を３か月とし、当該期間をリハビリ勤務期間とします。
2．リハビリ勤務期間中の労働時間・業務内容・賃金は、別紙のとおりとします。
3．リハビリ勤務期間中に、再度同一傷病（○○状態）で勤務に耐えられないこととなったときは、休職規程第３条３項（「復職後６か月以内に再び休職となった場合は前後の休職期間を通算する。」）が適用される結果、同５条（「休職期間が満了した場合」）に基づいて退職となります。
4．リハビリ勤務期間中、××××は、定期的（１か月ごと）に主治医の診断書を提出し、また、会社が指定する医師の診断に従います。

5. ××××は、リハビリ勤務期間を経過し復職する際には、会社が指定する医師の診断を以て復職が可能かの判断を受けることを了承します。仮に、その際に復職不能と判断され前記3．の退職となっても、異議を申し立てません。

以　上

別　紙

リハビリ勤務期間中の労働時間・業務内容・賃金

期　　間	労働時間	業務内容	賃　　金
○年○月○日より △月△日 （1か月め）	10時〜15時 （ただし、1時間 休憩）	○○部における ・A作業 ・B作業	休職前の所定賃 金の50％
○年△月×日より ×月△日 （2か月め）	10時〜17時 （ただし、1時間 休憩）	○○部における ・A作業 ・B作業 ・C作業	75％
○年×月○日より ○月△日 （3か月め）	同　　上	○○部における ・A作業 ・B作業 ・C作業 ・D作業	同　　上

書式解説

　本書式は、**書式34**の休職規程を前提として、休職期間満了時に100％回復していないけれども、軽易業務なら可能でほどなく（3か月程度）すれば通常業務への復帰が可能であることを前提に、その3か月の期間をリハビリ勤務期間（身分は、復職後となります）とし、処遇も決めてその期間中の労働条件をクリアにすることを目的とする

ものです。本書式は、労使双方の合意書の形式でリハビリ勤務期間の賃金を減額している点に、ポイントがあります。

　リハビリ勤務期間中の労働時間・業務内容は、医師（主治医、産業医）の意見を聞き（参考にし）ながら、別紙のとおり、段階的に労働の量（労働時間）、質（業務内容）に配慮します。他方、賃金は、医師の意見を聞く必要はなく、労働法が労働時間を基準に規制していることから、本書式では、専ら労働時間との比例で賃金額を決めています（労働の質＝業務内容は考慮していない）。念のために言いますと、最低賃金法を下回らない限り、労使で金額は決められます。1か月めは1日5,000円、2か月めは1日8,000円、3か月めは1日12,000円というのも可能です。

○年○月○日

○○○○　殿

株式会社○○○○

人事部長　　○○○○

解雇予告通知書

　貴殿には、就業規則第24条１号（「精神または身体の障害により勤務に堪えないと認められたとき」）に該当する事実があることから、同第25条に基づいて、○年○月○日限り解雇します。

　なお、同退職日まで貴殿の勤務は免除します。

以　上

書式解説

　正社員は通常、休職制度があるので、メンタルヘルス不全で欠勤する正社員は、休職期間満了で復職できないとき、普通解雇または自然退職になります。これに対し、休職制度がない社員は、長期欠勤の理由が病気である（欠勤に理由がある）としても、復職の目途がつかなければ、解雇となります。

　本書式は、そのようなときのもので、Ⅱ－４の解雇規定を前提に作成したものです。そして、解雇も即時解雇ではなく、30日以上予告期間をとった普通解雇とし、また、勤務も免除します。

○年○月○日

○○○○　殿

株式会社○○○○
人事部長　○○○○

減給処分通知書

　貴殿は、会社の休日である○年○月○日の日曜日に、新宿区○○町で飲酒し酩酊した結果、タクシーの運転手に暴行し、全治１か月の重傷を負わせて警察に逮捕された。

　これらの行動は、会社の名誉を毀損するとともに、会社の社員としての品位に欠けるものであって、就業規則第○条○号（服務規律の規定）に違反し、よって、同第○条１号（「本規則、会社の定める諸規程または法令に違反したとき」、同４号（「故意または過失により会社に損害を与え、または会社の信用を傷つけたとき」）に該当するので、同第△条２号に基づき、金１万円の減給処分（○月○日支給分より減額）とすることを通知する。

書式解説

　いかに私生活上の非行とはいっても、結果が重大であれば、懲戒処分なしでは済まされないでしょう。減給程度の処分はすべきです。この書式はその場合のものです。懲戒処分の対象となる行為を特定し、懲戒処分事由と処分の内容を明記します。

○年○月○日

株式会社○○○○　御中

○○○○

誓　約　書

　私は、会社の休日である本年○月○日○曜日に、○○で飲酒をした結果、酩酊して帰宅できなくなったうえ、職務質問されて警察に暴言を吐いてしまいました。

　これらの行動は、会社の名誉を毀損するとともに、会社の社員としての品位に欠けるものですので、十分反省し、今後は二度とこのような行動をとることのないよう誓約いたします。

【書式解説】

　この誓約書に記載された程度の私生活上の非行であれば、懲戒処分まではいかずに、誓約書の提出という人事上の対応でよいでしょう。

　ただ、この場合も、非行行為の特定と誓約の内容は明記させる必要があります。

退職合意書

　株式会社○○○○（以下、「甲」という）と××××（以下、「乙」という）とは、本日、以下のとおり合意した（以下、「本合意書」という）。

（合意退職、退職日と退職日までの処遇等）
第1条　甲および乙は、○年○月○日（以下、「退職日」という）付で甲・乙間の雇用契約を解約し、乙が甲を退職することを合意する。
　　2　乙の最終出勤日は○年○月○日とする。
　　3　前項の最終出勤日の翌日より退職日までの期間については、甲は乙に通常の給与支給を続けるものの（退職日までの社会保険・雇用保険は、甲および乙が法定の割合で引き続き負担する）、乙の労働義務を免除するとともにもっぱら乙の再就職活動の期間とし、乙は甲の名前を用いて甲に法的義務・債務を負担させる一切の行為を行わない。

（退職日の繰上げ）
第2条　乙は、再就職活動の状況に応じて、前条の退職日を○年○月○日よりも前に繰り上げることができる。ただし、繰上げの通知は、その繰上げの必要性が生じた後速やかに、かつ繰上げ予定の退職日より前にすることを要する。

（退職金等の支払い）
第3条　甲は乙に対し、退職日までの給与の他に、会社都合の規定退職金を所定の各種控除のうえ支払う。

（誠実義務）

第4条　乙は、乙の退職日の前後を問わず、甲の事業活動に不利益となる言動を行わない。

　　2　甲は、乙の退職日の前後を問わず、乙の再就職活動に不利益となる言動を行わない。

（守秘義務）

第5条　甲および乙は、本合意書の存在およびその内容の一切を厳密に秘密として保持し、①法律により開示を強制される場合、②本合意書の規定内容の強制履行を求める場合を除き、その理由の如何を問わず、その相手方の如何にかかわらず一切開示しまたは漏洩しないことを、ここに合意する。

（清算条項）

第6条　甲および乙は、本合意書に定める他、乙の退職後の守秘義務等乙が退職後も負うべきとされる義務を除き、甲・乙間において何らの債権債務が存在しないことを相互に確認する。

　　2　乙は、本合意書締結前の事由に基づき、甲および甲の親会社、関連会社、これらの役員・従業員に対し、一切の訴訟上・訴訟外の請求（刑事・行政上の請求も含む）を行わないことを、ここに同意し確認する。

　　○年○月○日

　　　　　　　　　　　　　（甲）　株式会社○○○○

　　　　　　　　　　　　　　　　　代表取締役　　○○○○

　　　　　　　　　　　　　（乙）　××××

　突然退職せよと勧告しても、当該問題社員は生活があるので抵抗するでしょう。そこで、一定の有給の再就職活動期間を認める条件を提示して、合意退職に持っていきます。

　本書式は、その方法で合意退職が成立した場合のものです。本来の退職日までに再就職先が見つかったときは退職日を早められる旨も定めます。また、本書式の退職条件は特殊なので、守秘義務条項も入れます。清算条項も念のため会社側は役員、従業員、親会社、関連会社も含めたものにします。なお、「刑事・行政上の請求も含む」と入れても、その法的効果については限定的なこと、**書式46**の解説をお読みください。

退職合意書

　株式会社○○○○（以下、「甲」という）と××××（以下、「乙」という）とは、本日、以下のとおり合意した（以下、「本合意書」という）。

（合意退職、退職日と退職日までの処遇等）

第1条　甲および乙は、○年○月○日（以下、「退職日」という）付で甲・乙間の雇用契約を解約し、乙が甲を退職することを合意する。

　　2　退職日まで、甲は乙に通常の給与支給を続ける。

　　3　乙の残有給休暇日数は○日であるが、退職日時点の当該未使用分は甲が○○円で買い取るものとし、第2条の退職金に加えて支払う。

（退職金等の支払い）

第2条　甲は乙に対し、退職日までの給与の他に、会社都合の規定退職金を所定の各種控除をしたうえで支払う。

（誠実義務）

第3条　乙は、乙の退職日の前後を問わず、甲の事業活動に不利益となる言動を行わない。

　　2　甲は、乙の退職日の前後を問わず、乙の再就職活動に不利益となる言動を行わない。

（守秘義務）

第4条　甲および乙は、本合意書の存在およびその内容の一切を厳密に秘密として保持し、①法律により開示を強制される場合、②本合意書の規定内容の強制履行を求める場合を除き、

その理由の如何を問わず、その相手方の如何にかかわらず一切開示または漏洩しないことを、ここに合意する。

（清算条項）
第5条　甲および乙は、本合意書に定める他、乙の退職後の守秘義務等乙が退職後も負うべきとされる義務を除き、甲・乙間において何らの債権債務が存在しないことを相互に確認する。
　　2　乙は、本合意書締結前の事由に基づき、甲および甲の親会社、関連会社、これらの役員・従業員に対し、一切の訴訟上・訴訟外の請求、および刑事上・行政上の申請・請求を行わないことを、ここに同意し確認する。

　　○年○月○日

　　　　　　　　　　　　（甲）　株式会社○○○○
　　　　　　　　　　　　　　　　代表取締役　○○○○
　　　　　　　　　　　　（乙）　××××

書式解説

　合意退職に持っていくために退職日を何か月か先にし、その間は有給で面倒をみる、という内容です。また、残っている有給休暇も買い上げ、退職金に加算して支払うというものです。

　通常の退職合意ではないので、誠実義務、守秘義務も入れます。清算条項も、1項と2項に分け、2項には私法上の請求の他、刑事、行政（端的には労災申請）上の請求もしない旨をさりげなく定めます。ただし、これに違反して刑事告訴したり労災申請をしてきても、それ自体（刑事告訴、労災申請）の効力は否定できないと考えます。私法上の契約違反にはなりますが違反につきできることは限られます。よって、入れても意味・効果が限定される（刑事・行政上の請求に関してはいわば牽制的効果しかない）ことを理解したうえで入れます。

（服務規律）

第○条　社員は、以下の各号に定めた事項を遵守しなければならない。

　…（中略）…

（●）ブログ、Twitter、Facebook 等の SNS を利用する場合には、社員としての自覚をもって投稿等を行うことおよび SNS ガイドラインに従った利用をすること

（以下略）

（懲戒事由）

第○条　社員が次の各号の一に該当するときは、その軽重に応じ、前条に定める懲戒処分を行う。

　…（中略）…

（●）ブログ、Twitter、Facebook 等の SNS による投稿等により、会社の信用を毀損しまたは会社に損害等を与えたとき

（以下略）

書式解説

　SNS の利用は、本来は私生活上の行動なので、原則は企業秩序には入ってこないところですが、例外として企業の信用を毀損し、または損害等を与えるような行動は規制してもよいので、その限りでの規制をします。逆にその限りですが、はっきりやってはいけないこととして明記します。

SNS ガイドライン

1　本ガイドラインの目的

　近年、Twitter、Facebook 等のインターネット上で不特定多数のユーザーに情報を発信できるサービス（以下、「SNS」という）がコミュニケーションの重要なツールとして普及していますが、一方で、世間では、従業員による SNS への不適切な投稿等により、インターネット上で投稿等が炎上し、会社が対応に追われるケースが後を絶ちません。

　このため、当社では、当社従業員が SNS を安全・適正に利用し、正しい情報を発信することができるよう、就業規則とは別に、本ガイドラインを策定しました。

2　基本ポリシー

　SNS の活用にあたっては、常識ある社会人として、自覚と責任をもって、適切に情報発信およびコミュニケーションを行う必要があります。

　本ガイドラインは、当社従業員が SNS の特性を理解したうえで適切に SNS を利用することを促すものです。

3　適用対象者

本ガイドラインは、当社従業員のすべてに適用します。

4　SNS 利用にあたっての留意点
（1）基本原則

　　①　SNS を利用する場合には、当社従業員としての自覚をもって投稿等を行うこと。内容次第では、当社の信頼やブランドを大きく損なう可能性があることを意識すること

　　②　SNS で発信する情報は、正確・丁寧に行うことを常に意

識し、誤解を招くような表現や感情的な表現をしないこと。投稿内容によって誤解を生じさせたり、他人を傷つけたりした場合は、速やかに謝罪と訂正を行い、冷静に対応すること

③　SNSを利用する場合、一度発信がされてしまうと、リツイートやシェアなどで広範囲に拡散してしまい、さらに、第三者が保存すれば、完全に削除することは不可能で、予想できない範囲に被害が及ぶ点に留意すること。公開範囲等の設定も適切に行うこと

④　SNSで投稿等を行うにあたっては、会社名等の属性を明らかにせず、かつ、会社意見とは無関係の個人の意見である旨の文言を入れて行うこと。会社の商標やロゴを利用してはならないこと

⑤　匿名で投稿等を行った場合でも、氏名・会社名・発信場所等が特定される可能性がある点に留意すること

⑥　勤務時間中のSNS利用および会社貸与のパソコン等によるSNS利用を行わないこと

⑦　取引先や上司から友達申請、「いいね！」、リツイート等を求められた場合でも、断りたいときは断って問題ないこと。ただし、断る場合には、相手方の心情等に配慮して丁寧に対応すること

（2）投稿の際の留意点

①　会社業績・経営戦略・開発情報・顧客情報など業務上知り得る会社情報は、すべて会社の重要な情報資産であることを理解し、SNSへの投稿を行わないこと

②　SNSで会社への誹謗中傷・批判等を行わないこと

③　特定の人種・国籍への誹謗中傷、特定の個人・団体への誹謗中傷、差別的表現、侮辱的表現、猥褻的表現、違法行為を助長する内容など公序良俗・社会通念等に反するような投稿を行わないこと

④　プライバシー権・肖像権・知的財産権（著作権等）などの

権利を侵害するような投稿を行わないこと

⑤　思想信条、政治、宗教に関わる投稿など衝突を招きやすい事柄については、特に慎重な投稿を心がけること

⑥　他社製品や他社サービス等を肯定的に評価し、または、おとしめるような投稿は控えること

⑦　自社製品について、誤解を生じかねないような投稿は行わないこと。特に、個人の感想を装ってSNSで会社製品の宣伝を行うステルスマーケティングは、サクラ行為・やらせ行為とみられて、会社の信用を損なう可能性があるので留意すること

⑧　その他、SNSを利用して投稿等を行う場合は、当社従業員としての自覚を持って良識を持った振る舞いをし、円滑なコミュニケーションを行うよう心がけること。また、情報発信にあたっては法令や当社内部規程等を遵守すること

5　本ガイドライン違反の取扱い

本ガイドラインに違反した場合は、就業規則等に基づき、懲戒処分を実施する場合があります。また、会社に損害を与えた場合には、会社から損害賠償を求められます。第三者に損害を与えた場合も、同様、第三者から損害賠償を求められます。

また、当社が投稿等の削除を要請した場合には、従業員はこれに応じなければなりません。

最後に、不適切な投稿は不特定または多数人の認識しうる状態の中でされることになるので、名誉棄損、業務妨害等犯罪が成立しうることにもなり、自身の将来に大きな影響を残す可能性のあることを、しっかり認識してください。

6　相談窓口

本ガイドラインについて不明な点等があれば、SNS相談窓口（内線○○○○）までご連絡ください。

　一旦、SNS への掲載により企業の信用・名誉あるいは業務が侵害されたときは、企業にとんでもない損害が発生する可能性があります。その結果、当該 SNS への掲載者にどういうことが起きるのかを予め明記し厳しく記載することで予防するのです。SNS への掲載の多くは悪ふざけですが、その代償がとんでもなく大きく自分や家族の将来も傷つけることをしっかりわからせるのです。

〇年〇月〇日

〇〇株式会社
代表取締役　〇〇〇〇殿

誓　約　書

〇〇〇〇　（氏名）

　私は、下記の事項を誓約いたします。

記

1　Twitter、Facebook 等の SNS を利用して、会社情報（会社社員の情報および会社の業務情報等を含むがこれらに限られない）に関する投稿を行いません。
2　SNS で発信する情報は正確に行うこととし、誤解を招くような表現をしないように留意致します。
3　思想信条や宗教など誤解・衝突を招きやすい事柄については、特に慎重な投稿を心がけます。
4　SNS で投稿等を行うにあたっては、会社名等の属性を明らかにせず、かつ、投稿内容に応じて会社意見とは無関係の個人の意見である旨の文言を入れて行います。
5　その他、会社の定める SNS ガイドラインを遵守して情報発信を行います。万一、これに違反したときは、会社から懲戒処分を受け、また、会社または第三者から損害賠償請求されること、場合によっては名誉棄損、業務妨害等の犯罪になりうることも、十分理解し、了解します。

以　上

　予め就業規則やSNSガイドラインで明記しても、読まなければ予防になりません。個別に誓約書の中に入れ、これを通じて就業規則やSNSガイドラインの内容をわからせることで、個別に予防するのが狙いです。

○年○月○日

加盟店従業員の不適切な行為についてのお詫びとお知らせ

皆様へ

株式会社○○○○
代表取締役　○○○○

　弊社加盟店であるA店の従業員が、店舗の調理場に設置されている冷蔵庫の中に入るという不適切な行為を行ったことが、Twitter上への写真投稿により判明いたしました。

　お客様には大変不安・不快な思いをさせてしまいましたことを、心より深くお詫び申し上げます。食品を取り扱うものとしてあってはならない行為だと反省しております。今後、このようなことが二度と起きぬよう、全従業員・加盟店一丸となって再発防止および信頼回復に努めてまいります。

〈経緯と原因〉

　今月1日、A店の従業員が、調理場に設置されている冷蔵庫の中に入った写真が、Twitter上に投稿され、これをご覧になられたお客様から弊社にお知らせが入りました。

　弊社で事実確認した結果、A店のアルバイト従業員2名のうち1名が、冷蔵庫に入り、もう1名が写真を撮影し、それをTwitter上に投稿したことが判明しました。

　弊社では、かねてから衛生問題等に関して、全従業員および全国の加盟店に対し、指導・教育を実施してきましたが、それが十分に浸透していなかったことが、今回の原因です。そのため、当該アルバイト従業員らが悪ふざけのつもりで冷蔵庫の中に入り、さらにその写真をTwitterに投稿するという不適切な行為に及んでしまいま

した。

〈対応〉

　このような事態を受けて、以下の対応を実施しました。

①　直ちに当該店での冷蔵庫内の食材および冷蔵庫を撤去いたしました。

②　当該従業員を解雇しました。

③　他従業員の再教育を実施しました。

④　当該店舗を当分の間休業【○月○日○時より】

　　※お客様には大変ご迷惑をお掛けし申し訳ございません。再オープンの日程は決定次第お知らせいたします。

⑤　全従業員および全国の加盟店に対し、お客様に心をこめて良い商品を提供させていただくという基本的な姿勢と、安心・安全な商品を提供する指導を再度徹底することを決定しました。

　また、当該従業員への刑事告訴や損害賠償請求につきましては、弊社の顧問弁護士と相談の上、近日中に対応を決定する予定です。

　さらに、再発防止策については、外部専門家を招いて鋭意検討中です。

　改めまして、お客様に多大なるご心配・ご迷惑をお掛けしましたことを深くお詫び申し上げます。

〈お問い合わせ先〉

　お客様相談窓口

　　電話番号　0120-○○-○○○○（フリーダイヤル）

　　受付時間　午前9時〜午後6時（但し、日曜日は、除く）

　発覚後、当該企業が対応したところまでと今後対応することを公に示すことで、企業として社会へ責任を果たそうとする姿勢を公に示すのです。つまり、社会に対し中間報告することによって、企業として真摯に対応していることを社会にわかってもらうのです。

○年○月○日

○○○○　殿

株式会社○○○○

人事部長　　○○○○

注意指導書

　貴殿は、○年○月○日○時○分、Twitter 上で、貴殿の個人アカウントを用いて、当社の販売する商品が欠陥商品であるとの事実無根の投稿を行った。

　同行為は、就業規則第○条第○項に違反するものであるため、口頭による注意を行うほか、本書面によって厳重な注意・指導を行う。

　なお、本日の時点で、未だに上記投稿が削除されていないが、可及的速やかに削除するよう命じる。

以　上

書式解説

　これは、SNS への掲載が企業の信用等への影響が軽い場合を想定しています。いかに私生活上の非違行為であっても企業への信用等への影響があるとき（ありうるとき）は、きちんと警告（注意）や指導はしておく必要があるのです。

●書式52　希望退職募集のスケジュール表●

年月日	対外対応	会社内対応	使用文書 （使用目的）	備　考
○年 11月1日	①取締役会 での決議 ②（マスコミ発表）	・左①を受けて、 　A　社内発表 　（A' マスコミ発表） 　B　「合意退職・再就職支援プログラム」の提示および各人への配付 ・A、Bにおいて、質問があった場合、回答する。	イ．社内発表用文書（A）、マスコミ発表用文書（A'） ロ．希望退職募集実施要領（B）	○「社内発表用文書」（A）と「マスコミ発表用文書」（A'）は、内容に矛盾がないか、チェック。 ○「希望退職募集実施要領」（B）は、社内に提示する（各社員共通のパッケージであることを明らかにするため−公平性の担保）とともに、各社員に対し個別に配付する。
同年11月 1日〜4日		個別面接の開始・終了（4日は予備日） C　各面接の際、各社員ごとに計算書、退職届、誓約書、申込書用紙を配付し、退職日（業務終了日）を指定する。 D　面接カードに従って、同カードの①〜③を説明、加えて各人の質問を受け、説明するとともに、退職する意思があるかを確認する。	ハ．各人ごとの計算書（C） ニ．申込書、退職届、誓約書（C） ホ．面接スケジュール表、面接カード（D） ヘ．想定質問対応マニュアル（D）	○面接の説明と質問に対する回答が統一的に行われる必要と、その証拠を残すために面接カードを使用する。 ○想定質問に対し、回答準備。この準備においては、公表のときと面接のときの回答を意識して準備する。 ○個別面接で応募者が少なそうな場合、二次面接を実施する等至急対応する。また、本人の不安、不満を前向きに聞いて吸収する。
同年11月 10日〜16日		○募集期間		○募集期間中、応募者が少ない場合、二次面接実施
同年11月 17日〜末日		○各人ごとの業務終了 ○再就職支援（関連会社への再就職のあっせん、再就職支援会社の説明会開催の通知と実施）		
同年11月 末日		退職日		

　希望退職の募集の設計（準備）と実施には、短期間のうちに多くの作業が必要です。

　そこで、作業に遺漏のないようにスケジュール表を作成する必要があります。

　具体的には、時系列に、１．対外対応、２．会社内対応、３．１・２で使用する文書（使用目的を明確化）、４．備考、と整理して作成すると、いつ、何をするのかが明確になります。

〇年〇月〇日

社員の皆様へ

株式会社〇〇〇〇

代表取締役　　〇〇〇〇

1．当社の現状とこれまでの当社の努力

　日頃は社業発展にご尽力いただき誠にありがとうございます。

　当社は、皆様もご承知のとおり、〇年〇月、〇〇〇の製造販売を目的として設立され、本年をもって〇〇年となりますが、この間、会社発展にご貢献いただいた社員の皆様には、改めて心より感謝申し上げます。

　さて、現在当社を取り巻く状況は、経済のグローバル化（国際化）の下、世界各地から安い製品が流れ込み、いわゆる価格破壊が進行し、低価格競争に耐え得る企業のみが生き残り得るというきわめて厳しい事態に直面しています。多くの企業は、製造コストの安い海外に生産拠点を移し、あるいは国内生産を止めて海外からの安い製品輸入に切り替えるなど、必死の生き残り策を進めています。当然他社製品の原料を供給する当社も、このような国内生産の減少（空洞化）の影響を受けて、販売が減少傾向を示す結果になっております。

　もちろんこれまで当社は、原材料購入価格の引下げ等種々のコスト削減努力を積み重ねてきていますが、それでも当社の製造コストは依然として国内競合各社に比べても著しく高い水準にとどまっています。

　このため、当社では、〇〇〇等数々の費用削減に合わせて、〇〇〇等人件費の削減に努めてまいりましたが、十分な製造コスト削減に至らないままになっております。

　このため、昨年〇月には〇〇部門が製造廃止に追い込まれ、同製

造部門関係の余剰人員を抱えたうえ、同製造にかかわるこれまでの売上げ分が減少する事態に直面しております。

2．社員の皆様への提案―○○名の希望退職の募集

　当社としては、このような経営状況等をふまえ、種々検討の末、業績の回復のためには、○○製造に直接間接関わってきた人数で、かつ当社の売上げのうち○○の売上割合、○割に相当する人数○○名の削減（希望退職募集）を実施せざるを得ないとの結論に達しました。

　希望退職募集の要領は、添付する「希望退職優遇プログラム」に記載のとおりですが、これらの条件は、現時点の当社の体力で最大限のものをご提示させていただいたつもりです。

　会社の維持発展にご協力いただいた社員の皆様にこのような提案をさせていただくことは、誠に不本意ではありますが、この施策の成否が会社の存続の成否を握っており、当社としては上記募集人数に達しなければ、整理解雇（ただし、この場合規定退職金のみで退職優遇加算金は不支給）をも視野に入れざるを得ないとの覚悟でありますので、何卒上記提案にご協力賜りますよう、よろしくお願い申し上げます。

3．希望退職募集実施後の会社の施策

　当社は、上記希望退職募集実施後、生産性の向上を目標に諸施策を実施する予定ですので、引き続き社員の皆様のご協力をいただきたいと存じます。

　さらに、上記希望退職募集に協力して退職していただく方々によって達成される経費節減の効果を維持するために、上記生産性の向上が達成されるまでは、今後ベースアップ・賞与等の労働条件については国内競合各社の条件を見ながら決定したいと考えておりますので、このような点についても社員の皆様のご協力を賜りたいと存じます。

　当社は、生産性向上の結果、国内競合各社と比較して競争力が回

復したときには、皆様方に対し、それにふさわしい労働条件の向上
に努める決意でありますので、どうか会社の業績回復にご協力のほ
どよろしくお願い申し上げます。

書式解説

　発表文書は、

- 経営不振に陥ったことの説明（現状とそれまでの経営努力）
- 希望退職募集の実施
- 希望退職募集実施後の会社の施策

の3つのポイントで作成します。つまり、

① なぜ、余剰人員発生の状況となったのか
② どういう余剰人員整理の提案をするのか
③ ②の結果、会社はどうなるのか

という流れです。②を強く打ち出すには、募集人数に達しないと整理
解雇をするかもしれない旨明記するのですが、逆に社員が萎縮する効
果も生じますので、人員削減の必要性の強さによって表現を選ぶこと
になります。

〇年〇月〇日

〇〇部門閉鎖のお知らせ

社員の皆様へ

株式会社〇〇〇〇

代表取締役　〇〇〇〇

　日頃は社業発展にご尽力いただき誠にありがとうございます。

　皆様もご承知のとおり、当社は〇年に〇〇〇の販売、その後〇〇〇の製造・販売等をしてまいりましたが、その〇〇〇の製造部門が〇年分離独立し×××会社として発足して以降は、×××社より〇〇〇を購入して販売することとなり、このような体制となってはや〇年となります。この間、会社発展にご貢献いただいた社員の皆様には、改めて心より感謝申し上げます。

　さて、現在当社を取り巻く状況は、公共事業の発注規模の縮小、民間工事の減少等によって受注数量が低迷しており、さらに販売価格も過当競争によって低迷しており、その結果、当社の当期損益は次のとおり直近決算期を除き5年連続の赤字であり、別途積金や内部留保の取崩しによってようやく黒字決算になっております。特に、当社の主力部門である〇〇〇部門は〇期連続の赤字であり、過去の蓄積を取り崩して会社の経営が成り立っている状況です。このような状況は今年度においても改善される兆しはまったくありません。

	〇.12.1〜 〇.11.30	〇.12.1〜 〇.11.30	〇.12.1〜 〇.11.30	〇.12.1〜 〇.11.30	〇.12.1〜 〇.11.30
〇〇部門（人）	〇	〇	〇	〇	〇
当期損益（円）	〇	〇	〇	〇	〇
別途積金取崩（円）	〇	〇	〇	〇	〇

内部留保取崩（円）	○	○	○	○	○
累計（円）	○	○	○	○	○

　もっとも、この間、当社としても社員の皆様にご協力いただいて人件費等の削減、役員数の削減、役員報酬の削減等、経費節減・削減に取り組みましたが、当社を取り巻く環境は一向に好転せず、上記のような決算を計上する結果になったものです。

　これまで当社の維持発展にご協力いただいた社員の皆様にこのような当社の状況をお伝えすることは誠に不本意ではありますが、これ以上経営を続ければ内部留保は底をつき、社員の皆様への退職金等の支給に支障が生じることが目に見えて明らかですので、本年○月○日をもちまして、○○○部門を閉鎖し、社員の皆様には退職していただきたく、ご連絡した次第です。

　なお、退職する皆様の再就職先につきましては、会社といたしましても誠心誠意努力いたす所存であります。

　退職の具体的条件、手続につきましては、別紙「退職要領」に明記しておりますので、何卒ご協力賜りますようよろしくお願い申し上げます。

以　上

書式解説

　この発表文書は、**書式53**に比べて、穏やかな表現の例です。

　経営不振に陥ったことについて、決算書の数値を使って説明することで、説得力を増す工夫をしています。

〇年〇月〇日

希望退職募集実施要領

1．対象社員

〇年11月1日現在当社に在籍する社員のうち、当社が認めた者で〇〇名以内。ただし、役員（取締役、監査役）および嘱託社員は、本制度の適用対象になりません。

2．募集期間

〇年11月10日より同月16日まで。

3．退　職　日

〇年11月30日。ただし、業務処理の都合上必要な社員については、退職日を別途指定する場合があります。

4．退　職　金

退職金として、下記①および②の合計額を支払います。

① 規定退職金

退職金は、退職金規程に基づく会社都合の倍率を適用して算出した金額で支払います。

② 特別退職割増金

下記A、B、Cの合計額を、特別退職割増金として支払います。ただし、年齢が55歳以上の社員に対しては、下記特別退職割増金に代えて、〇年11月30日現在の基本給に定年までの残月数（端数は切上げ）×0.3（〇〇〇〇株式会社へ移籍しなかった者はさらに0.3を加え、都合0.6）を乗じた金額を特別退職割増金とし

て支払います。

A　年齢別割増金

　○年11月30日現在の基本給（本俸＋資格手当、以下同）を基準に、年齢（基準時点は、○年11月30日）に応じて次の倍率の金額を支給します。

　　40歳以上55歳未満　　　　基本給　×3か月
　　30歳以上40歳未満　　　　基本給　×2か月
　　30歳未満　　　　　　　　基本給　×1か月

B　勤続年数別割増金

　　上記A、年齢別割増金に加えて、勤続年数（基準時点は、○年11月30日）に応じて、次の倍率の金額を支給します。

　　勤続年数15年以上　　　　　　基本給　×4か月
　　勤続年数7年以上15年未満　　基本給　×3か月
　　勤続年数3年以上7年未満　　 基本給　×2か月
　　勤続年数　　　　3年未満　　基本給　×1か月

C　特別割増金

　　○○○○株式会社へ移籍しなかった者に対して、次の計算による金額を特別割増金として支払います。

　　〔A＋B〕×1.0の金額

　　ただし、〔A＋B〕が500,000円以下の場合は、一律500,000円とする。

③　退職金支払日

　　上記①規定退職金と同②特別退職割増金は、別途日程の面接にて、各人ごとに金額を説明したうえで、退職日より30日以内に、各人の給与振込口座に振り込みます。

5．再就職支援

　　○○○○株式会社への移籍を含め、再就職支援に最大限努力しま

す。

6．個別面接
　本制度を十分ご理解いただくために、別紙の日程により個別面接を行います。

7．希望退職の申込方法
　本制度に応募する人は、所定の退職届、誓約書に必要事項を記入のうえ、募集期間中に総務部○○宛提出してください。

8．その他
　①　借上社宅については、退職日から2か月以内に退去することとし、退職日から退去日までの家賃は、会社が負担します。なお、退去する際の費用は、会社は負担しません。
　②　海外勤務者（子会社への出向者も含む）が帰国する場合には、旅費および移転費について、当社「海外規程」により会社が負担します。
　③　未取得の年次有給休暇は、20日を限度に買い上げます。買上げ価格は、1日あたり、基本給÷20日とし、買い上げた金額は退職金支払日に支払います。
　④　雇用保険の受給に際し、会社が交付する離職票の退職理由は「会社都合」となります。
　⑤　社会保険に関する諸手続や税金など、本制度に関して不明な事項がございましたら、遠慮なく総務部にご相談ください。

以　上

　希望退職募集実施要領は、希望退職募集の具体的内容を明確に伝えるものであり、きわめて重要なものです。

　その１つである本書式は、次の２点を重要ポイントとして設計したものです。

- 　有力な再就職先（受け皿）があり、そこに行ける人とそうでない人との実質的な公平を確保する必要がある。
- 　希望退職募集を実施する会社自体も、別会社を買収して大きくなった会社のため、単純に年齢だけで退職加算金を算出すると、実質的公平が保てない。

○年○月○日

希望退職募集実施要領

1．対象社員

　○年11月１日現在、当社に在籍する社員のうち、当社が認めた者で○○名まで。

　ただし、○○○○からの出向社員および嘱託社員は、本プログラムの適用対象になりません。

2．募集期間

　○年11月１日より同年同月16日まで。

3．業務終了日および最終退職日

　対象社員ごとに会社が業務終了日（以下、「業務終了日」という）を指定します。業務終了日は、原則として○年11月末日までの日を指定しますが、必要に応じてこれを延長することがあります。

　業務終了日までは、これまでどおりの処遇、すなわち、業務終了日までの月例給、家賃補助を支払います。

　業務終了日から３か月目の日をもって最終の退職日とします（以下、「最終退職日」という）。業務終了日の翌日から最終退職日まで（以下、「再就職活動期間」という）の間は、以下の４．（２）Ａで定義される「保証月額」が毎月（最長３か月）支払われます。この間、通常の勤務は免除しますので、業務終了日の翌日から再就職活動に入っていただきます。

4．退職金

　退職金として、下記（１）および（２）の合計額を支払います。

（1）　規定退職金

　　退職金規程に基づく退職金は、規程どおり支払います。

（2）　特別付加金

　　下記A、B、Cの合計額を特別付加金として支払います。

　A　特別付加金A

　　　本プログラムに応募した対象社員に、「保証月額」（下記
　①、②、③の合計額）6か月分を支払います。

　①　月額基本給

　②　保証賞与（処遇についての各自との契約書に定められた
　　賞与の下限額）がある場合には、その月割相当額（年間12
　　か月分の1か月分とする）

　③　賃貸住宅規程に基づいて、現在、会社が負担している月
　　額補助家賃

　B　特別付加金B

　　　上記特別付加金Aに加えて、業務終了日の翌日から最終退
　職日の前日までに退職した社員に対し、特別付加金Bとし
　て、以下の金額を支払います。

　　　「実際の退職日から最終退職日までの残存期間に応じて保
　証月額を日割計算した額」

　　　したがって、業務終了日の翌日から最終退職日までのいず
　れの日に退職しても、業務終了日から最終退職日まで在籍し
　た場合に支払われる3か月分の保証月額相当額が、業務終了
　日以降の在籍中の保証月額（該当期間分）と特別付加金Bの
　合計として支払われます。

　C　特別付加金C

　　　本プログラムに応募した対象社員のうち、各人の業務終了
　日までの業務を会社が評価したうえで、会社がその適用を認

めた者に対して、上記特別付加金Ａ、Ｂに加えて、保証月額
１か月分を上限に、会社が定める金額を特別付加金Ｃとし
て支払うことがあります。対象社員の業務の評価は、部長お
よび担当取締役からの報告に基づいて社長が行います。した
がって、まったく支払わないこともあります。

（３）　退職金支払日
　　　上記（１）の退職金および（２）の特別付加金は、別途各人ご
とに金額を説明したうえで、退職日に、各人の給与振込口座に振
り込まれます。

５．個別面接
　　本プログラムを完全にご理解いただくために、別添の日程によ
り個別面接を行います。その際、上記４．（2）に定める「保証月
額」を確認していただきます。

６．合意退職の申込方法
　　本プログラムに応募する人は、添付書類に必要事項を記入のう
え、募集期間中に総務部長宛提出してください。

７．その他
（１）　賃貸住宅規程に基づき、現在、住宅について会社から転貸借
を受けている対象社員については、契約の切換手続が必要にな
ります。別途、該当者に対しては総務部から詳細を説明しま
す。
（２）　海外勤務者が帰国する場合には、旅費および移転費のうち、
会社が認めた金額を支払います。
（３）　雇用保険の受給に際し、会社が交付する離職票の退職理由は
「会社都合」となります。
（４）　社会保険に関する諸手続や税金など、本プログラムに関して
不明な事項がございましたら、遠慮なく総務部へご相談くださ

い。

以　上

書式解説

　希望退職募集実施要領の１つとしての本書式の特徴は、次の２点です。

- 業務終了日を一律ではなく個々の社員の業務ごとに会社が決めること
- 業務終了日から退職日までを３か月とし、これをもっぱら有給にする再就職活動期間としたこと

　外資系企業等は、各社員の担当職務の終了時期がばらばらであったり、再就職のためにはキャリアが継続している点が有利であったりしますので、その点を重要ポイントとして設計したものです。

○年○月○日

退職要領

株式会社○○○○

代表取締役　○○○○

１．対　象　者

　対象者は、全社員です。ただし、会社が本制度の適用を承認しない場合は、この限りではありません。

２．申込受付窓口

　退職申込受付は、○○とします。

３．申込受付期間

　○年４月24日〜同年同月28日までとします。

４．退職条件

　退職申込者には、次の金員を支払います。

　　　A　会社都合の規定退職金

　　　B　退職支度金

　　　　基準内賃金の１か月分を支払います。

　　　C　経過賞与

　　　　支給在職要件にかかわらず、○年度の夏季賞与支給実績額を支払います。

　　　D　残存有給休暇買上金

　　　　退職日に有給休暇が残存した場合、残存日数分を支払います。

5．退 職 日

　〇年5月20日とします。

6．退職金、残存有給休暇買上金、経過賞与、退職支度金の支払日

　〇年6月20日までとします。

以 上

書式解説

　この書式は、4．退職条件からもわかるとおり、中小企業の（体力のない会社の）希望退職募集の例です。

　大企業のような豊かなパッケージは用意できないケースはとても多いといえます。ただ、公平性や透明性を確保する観点から、このように希望退職の募集を実施するのです。

○年○月○日

○○○○　殿

株式会社○○○○

代表取締役　○○○○

計　算　書

　貴殿の退職金および退職加算金は、次のとおりです（計算期日は、すべて○年○月○日）。

1．生年月日　　　：　○年○月○日
2．年　　齢　　　：　○歳
3．入社年月日　　：　○年○月○日
4．勤続年数　　　：　○年○か月
5．基準賃金
　　　基本給　　　：　○○○円
　　　職能給　　　：　○○○円
6．退　職　金　　：　○○○円《支給率別表2》
　　　基準賃金　　○○円×支給率○○
7．退職加算金　　：　○○○円
　　〔○円未満切上げ〕　　基準賃金（○○円）×○倍
8．合計金額　　　：　○○○円
　　〔6＋7〕
9．そ　の　他　　：年休買上げ額の概算　○○○円
　　　○月○日現在の年休残日数　○日、日額○○円

以　　上

　希望退職募集実施要項で希望退職募集の具体的内容がわかっても、各社員は、自分がそれによっていくらもらえるのかを正確に知りたいものです。

　それに応えるための資料が、本書式の各人別の計算書です。

　各人を特定し（１〜５）、希望退職募集によっていくらもらえ、総額がいくらになるのか（６〜９）が、一目瞭然にわかるようにします。

面接スケジュール

時間	○年○月１日	同年同月２日	同年同月３日
9：00		D	T
9：30		E	U
10：00		F	V
10：30		G	W
11：00		H	X
13：00		K	
13：30		L	
14：00		M	
14：30		N	
15：00		O	
16：00		P	
16：30		Q	
17：00	A（社員の名前、以下同）	R	
17：30	B	S	
18：00	C		

※　上記スケジュールで時間の都合ができない場合には調整しますので、総務部長までご連絡ください。

書式解説

　希望退職募集の対象者全員に、個別面接を実施します。一斉に行うのが望ましいので、本書式のように機械的に短期間で実施します。社員によっては都合が合わない場合もあるので、そのときは調整できることを明記します。

●書式60　面接カード●

<table>
<tr><td colspan="3" align="center">面接カード</td></tr>
<tr><td>第1回　面接記録</td><td>氏　名</td><td rowspan="3"></td></tr>
<tr><td>面接日時</td><td>月　日　　：　－　　：</td><td rowspan="2">面
接
者</td></tr>
<tr><td>場　　所</td><td></td></tr>
</table>

第1回　面接記録　氏　名

面接日時　月　日　：　－　：　面接者　㊞　㊞
場　所

（説明完了後□にレ印。対象者の発言要旨を空欄に記入）

① 会社の状況説明

② 制度内容、加算金の説明

③ 再就職先あっせんの仕組みの説明

④ 本人の意思確認

⑤ その他、質疑応答など記載

書式解説

　各人ごとに1枚の面接カードを作成し、希望退職募集実施にあたっての説明の統一性を確保し（①～③）、そのうえで、個別に対象者の意思、意見等が出てきたときはそれを記載して、応募人数の見込みの資料とします。もし会社が期待する応募人数に達しそうもなければ、募集期間の前にさらに第二次面接を実施して、会社の窮状を説明し、協力（応募）を求めます。

○年○月○日

株式会社○○○○　御中

氏名：　　　　　　㊞

希望退職優遇プログラム申込書

私は、希望退職優遇プログラムに申し込みます。

再就職活動に関しては、次のとおりです（どちらかの番号に○をする）。

1．再就職活動のためのコンサルティング会社の紹介を依頼します。

2．再就職活動のためのコンサルティング会社の紹介は依頼しません。

社長	工場長

以　上

書式解説

　本書式は、希望退職募集に対する応募（申込み）の書式です。法的には、社員からの希望退職募集実施要領記載の内容で労働契約を将来に向けて解消（解約）する旨の申込みです。

　希望退職募集要領に詳細に記載されているので、本書式は極めて短いものですが、申込みの意思表示として十分明確です。

株式会社○○○○　御中

誓　約　書

　私は、今般貴社を退社するにあたり、退職後も以下の各項を誓約します。

1．貴社の企業秘密その他業務上知り得た一切の情報を第三者に開示または漏洩等することなく秘密として保持し、また貴社の事業目的以外に使用しないこと。
2．私が貴社における就業に関連して入手した貴社の企業秘密を含む一切の資料およびそのコピーを含む一切の複製物を、貴社に返還すること。
3．貴社の信用・名誉を毀損し、または悪影響を与える行為を一切行わないこと。
4．万一、この誓約書に違反しまたは在職中の法令もしくは社内規定に違反する行為によって貴社に損害を与えた場合には、貴社の被った損害の一切を賠償すること。
5．退職に際し、退職金規程に基づく退職金請求権、その他別途合意済みの請求権以外には、貴社に対し何らの請求権も有しないこと。

以　上

○年○月○日

住　所

氏　名　　　　　　　　　　　㊞

　退職時の正式な誓約書です。その内容は、秘密保持義務、会社の信用・名誉の保持等の義務、清算条項です。

確　認　書

　○○労働組合（以下、「組合」という）と株式会社○○○○（以下、「会社」という）は、会社が実施する希望退職の募集に関し、これまでの団体交渉ならびに○○地方労働委員会あっせんの場での折衝、および組合等と会社代理人弁護士との○年○月○日から○月○日までの○回にわたる交渉の結果、下記のとおり合意に達したので、ここに協定する。

記

1．会社は、退職金規程の退職一時金の他、退職優遇加算金を支給するものとして、その加算月数は、次のとおりとする。

　　　50歳未満　　　　　　　　○か月
　　　50歳以上54歳未満　　　　○か月
　　　54歳以上57歳未満　　　　○か月
　　　57歳以上60歳未満　　　　下記イ、ロのうち多い月数
　　　　　　　　　　　　　　　イ　残勤務月数×0.75（ただし、小数点以下切上げ）
　　　　　　　　　　　　　　　ロ　57歳○か月、58歳○か月、59歳○か月

2．会社は、希望退職の募集を次のスケジュールで実施する。
　　①　公表日　　　　　　○年○月○日
　　②　募集締切日　　　　同○年○月○日
　　③　退職日　　　　　　同○年○月○日
　　④　募集人員　　　　　○○名　ただし、○○名以上でも認める。

3．組合は、会社の実施する希望退職について協力をする。

4．その他の条件等

①　冬季一時金は、妥結額に基づいて支給する。

②　退職日現在の未取得年次有給休暇は、買い上げる。

③　社宅入居者は、退職日から2か月以内に退去する。その間の社宅費については免除し、転居費用は会社負担とする。ただし、国内に限る。

④　会社は、再就職を希望する者に対しては、従前どおりの就職あっせん等の支援をする。

⑤　その他については、会社の決めるところによる。

以　上

○年○月○日

株式会社○○○○
代理人弁護士　○○○○　㊞

○○労働組合
委員長　　　○○○○　㊞

書式解説

　労働組合のある事業場で希望退職募集を実施するときは、通常、組合から団体交渉が要求され、①希望退職募集の実施に反対するか、②反対しないとしても条件について交渉で上乗せを求めてきます。

　会社としては、これらの要求に対して誠実に交渉し、妥協点を見出すべきで、その結果、通常、本書式のような労働協約が締結されます。

〇年〇月〇日

〇〇〇〇　殿

株式会社〇〇〇〇

人事部長　〇〇〇〇

解雇通知書

　現在の当社の業績不振の状況に鑑み、誠に遺憾ではありますが、貴殿を就業規則第〇条〇号の解雇基準に基づいて、〇月末日限り解雇いたします。

以　上

書式解説

　希望退職の募集を実施してもなお余剰人員があり、会社が立ち行かなければ、整理解雇に踏み切らざるを得ません。

　本書式は、その際の解雇通知書です。

○年○月○日

対象者の皆様へ

○○株式会社
代表取締役社長　　△△

人事支援施策（優遇措置）実施のご案内

１．当社の経営概況

　当社の○年度は、経営改善に向けた多くの抜本的改革の実行と従業員の皆様の努力と貢献によって、当初の利益計画より利益改善する見込みではありますが、経営計画上は、直近２年連続で売上が減少し、利益が以前の水準に回復する目途がつかない厳しい経営状況となっております。

２．競争力低下の要因と対策

　上記1の経営状況の原因は、市場競争力低下にありますが、その要因は複数あり、これらの課題解決に向けて、これまでも順次抜本的改革を進めてきました。もっとも、改革を実施する中で残された要因として、市場の特徴に適合したニーズの把握とそれに伴う商品提案の弱さ（市場競争力の弱さ）があります。

（１）　市場の特徴と対応の必要

　　当社の市場には特徴があります。それは、厚生労働省統計職種中、最も若い職業をお客様とする業界ということです。その業界では、デジタルネイティブ世代を中心にInstagram等を通じたWEB情報受発信が加速しており、ビジネスチャンスにつながる情報受発信の在り方が、近年、急速にデジタルシフトしています。

　　市場競争力を高めるためには、スタイリストと同世代で、同じ感性、同じ情報受発信スタイルを有する年代を労務構成

上より厚くすることが重要で、かつ、世代を問わず全従業員のデジタルスキル・セットアップが必要不可欠となっております。

（2）　当社の現況

　　上記の市場の特徴に対し、当社は、競合他社と比較して顕著な高齢化が進んでおり、しかも年齢に反比例して IT リテラシーやデジタルスキルが低下する傾向も相まって、多くのスタイリストの共感を得る情報受発信やニーズを感度よく捉えるスキルは、競合他社と比べ相対的に低い状態にあり、この状態が、市場における当社の市場競争力低下の大きな要因となっております。

3．市場競争力の強化

　これまでも市場競争力低下要因への対策を講じてきましたが、大きな課題として、①全従業員のデジタルスキルの強化、②お客様と同世代の従業員をより厚くするための労務構成の是正、③デジタル人材を含む戦略人材の確保が、市場競争力を高めるための経営上の喫緊の課題と判断しました。

　そこで、今後、上記強化（①〜③）を、施策として具体化し、実行に移行していくことといたします。

4．人事支援施策（優遇措置）の実施

　一連の経営改革の判断において、今般、当社の労務構成の是正と社外転進を含む多様なキャリアを促進することを目的として、○年○月末日付での希望退職を募集することといたしました。

　今後の当社の市場競争力の強化のために行う施策（上記①〜③）に関し影響を受けるであろう従業員の方々を対象に、できうる限りの人事支援施策を検討し、希望退職者への再就職支援サービス適用、退職特別加算金を含む人事支援施策（優遇措置）をご用意しました。具体的な希望退職の募集条件、手続につきましては、別紙「希望退職募集実施要項」に明記しております。当社の置かれてい

る状況、ならびに本施策の背景と主旨につきまして、何卒ご理解と
ご協力を賜りますようお願い申し上げます。

以　上

　いわゆる黒字リストラの場合における希望退職募集の案内です。

　当該企業の業績は黒字なので、従業員からしたら、なぜ退職しなけ
ればならないのかの理由がわかりません。そこで、しっかりと、企業
の進む方向と自分（退職してもらいたい従業員）の働いていく方向と
が違うということ、そして退職しても当面は困らないという安心感を
認識してもらう、という２点が必要になります。そのために説明文書
をつくります。

索　引

● 著者略歴 ●

浅井　隆（あさい　たかし）

〈経歴〉

1990年	弁護士登録
2001年4月	武蔵野女子大学　講師（非常勤）
2002年4月～2008年3月	慶應義塾大学　法学部　講師（民法演習・非常勤）
2005年4月～2009年3月	慶應義塾大学大学院法務研究科（法科大学院）講師（労働法実務・非常勤）
2009年4月～2014年3月	同教授
2014年4月～現在	同非常勤講師（労働法ワークショップ・プログラム）

〈主な著書〉

「退職金制度・規程の見直しと不利益変更問題への対応」（日本法令）、「退職金制度の不利益変更をめぐる法律問題」（季刊労働法210号）、「就業規則の拘束力と周知手続」（最高裁労働判例　問題点とその解説　第Ⅱ期第4版　日本経団連出版）、「企業が人事政策を見直すときの法律問題と対応実務」（日本法令）、「労働法実務相談シリーズ⑥　就業規則・労使協定Ｑ＆Ａ」（労務行政）、「労働契約の実務」（日本経済新聞出版社）、「解雇・退職書式集」（日本法令）、「日本法令書式提供Webシステム～採用から退職までのトラブル対応の書式が揃う！～労使トラブルAtoZ書式集」（日本法令）、「労務管理者のための職場の法律」（日本経済新聞出版社）、「労使トラブル和解の実務」（日本法令）、「労働時間・休日・休暇をめぐる紛争事例解説集」（新日本法規）、「Ｑ＆Ａ　休職・休業・職場復帰の実務と書式」（新日本法規）、「戦略的な就業規則改定への実務」（労働開発研究会）、「問題社員・余剰人員への法的実務対応」（日本法令）、「最新　労働紛争予防の実務の書式」（新日本法規）、「退職金・退職年金をめぐる紛争事例解説集」（新日本法規）、「有期労働者の雇用管理実務」（労働開発研究会）、「Ｑ＆Ａ管理職のための労働法の使い方」（日本経済新聞出版社）、「リスクを回避する　労働条件ごとの不利益変更の手法と実務」（日本法令）、「最新裁判例にみる　職場復帰・復職トラブル予防のポイント」（新日本法規）、「企業実務に役立てる！　最近の労働裁判例27」（労働調査会）、「退職・解雇・雇止め　適正な対応と実務」（労務行政）、「戦略的な人事制度の設計と運用方法～企業が理念を従業員と共有するための就業規則と実務～」（労働開発研究会）

本書第５章の書式・規程（Microsoft Word）がダウンロードできます。

データのダウンロード・ご利用の方法

１．ソフトウェア要件
- Microsoft Word 2007以降
- Internet Explorer 6.0 以降

本書のデータは、日本法令ホームページ上からダウンロードしてご利用いただくものですので、インターネットに接続できる環境にあるパソコンが必要です。また、データファイルを開く際には Microsoft Word がインストールされていることが前提となります。

２．使用承諾
万一本書の各種データを使用することによって、何らかの損害やトラブルがパソコンおよび周辺機器、インストール済みのソフトウェアなどに生じた場合でも、著者および版元は一切の責任を負うものではありません。

このことは、各種ファイルのダウンロードを選択した際のメッセージが表示されたときに「開く（O）」または「保存する（S）」を選択した時点で承諾したものとします。

３．使用方法
①日本法令のホームページ（https://www.horei.co.jp/）にアクセスし、上部中央にある「商品情報（法令ガイド）」をクリックします。

②右下の「出版書」のコーナーの、「購入者特典：書籍コンテンツ付録データ」の文字をクリックします。

③ご利用いただけるファイルの一覧が表示されますので、お使いのものを選んでファイルを開くか、またはデータを保存のうえご利用ください。また、データにはパスワードがかかっています。パスワードは mdyj2009です。

	平成23年11月15日　初版発行
改訂版	令和2年9月1日　改訂初版
問題社員・余剰人員への法的実務対応	令和3年4月1日　改訂2刷

検印省略

〒101-0032
東京都千代田区岩本町1丁目2番19号
https://www.horei.co.jp/

著　者	浅　　井　　　　隆
発行者	青　木　健　次
編集者	岩　倉　春　光
印刷所	東　光　整　版　印　刷
製本所	国　　宝　　社

（営　業）　TEL　03-6858-6967　　Eメール　syuppan@horei.co.jp
（通　販）　TEL　03-6858-6966　　Eメール　book.order@horei.co.jp
（編　集）　FAX　03-6858-6957　　Eメール　tankoubon@horei.co.jp

（バーチャルショップ）https://www.horei.co.jp/iec/
（お 詫 び と 訂 正）https://www.horei.co.jp/book/owabi.shtml
（書籍の追加情報）https://www.horei.co.jp/book/osirasebook.shtml

※万一、本書の内容に誤記等が判明した場合には、上記「お詫びと訂正」に最新情報を掲載
　しております。ホームページに掲載されていない内容につきましては、FAXまたはEメー
　ルで編集までお問合せください。